BIG
BRAIN
BIBLE
GAMES

FUN PUZZLES, QUIZZES, AND TRIVIA
TO TEST YOUR BIBLE KNOWLEDGE

TIMOTHY E. PARKER

Revell

a division of Baker Publishing Group
Grand Rapids, Michigan

© 2023 by Timothy E. Parker

Published by Revell
a division of Baker Publishing Group
Grand Rapids, Michigan
RevellBooks.com

Printed in the United States of America

ISBN 978-0-8007-4209-6

Baker Publishing Group publications use paper produced from sustainable forestry practices and post-consumer waste whenever possible.

23   24   25   26   27   28   29   7   6   5   4   3   2   1

This book is dedicated to the bright and morning star
through whom everything is made and was made, King Jesus.

CONTENTS

Preface   7

1. True or False   9

2. Complete the Scripture   28

3. Center of My Joy Mazes   42

4. Upper Room Mazes   62

5. Star Mazes   70

6. Word Searches   95

7. Mega Crafted Word Searches   145

8. Bible Trivia   151

9. Scriptural Cryptograms   162

Answers   187

PREFACE

Studying God's Word is the most important type of study. By solving puzzles that challenge you to think, use logic, and focus, this book enhances your study of God's Word.

You will absolutely learn things; I guarantee it.

Throughout the process of compiling the questions and crafting the puzzles, I constantly learned something new about our Lord. Among the hundreds of puzzles and questions I create for each of my puzzle books, only the best are used. May you have fun, be enlightened, and receive blessings from immersing yourself in this latest work unto the Lord.

TRUE OR FALSE

Solve these problems by filling in T if the statement is TRUE or F if the statement is FALSE.

GROUP 1

1. _____ In the book of Exodus, the priests typically wore blue robes.

2. _____ Joseph ordered his men to sneakily put a cup into a sack of corn.

3. _____ Achan kept some of the spoils after the battle of Jericho.

4. _____ Potiphar's wife tried to seduce Reuben.

5. _____ Armoni was the son of Saul by his concubine Rizpah.

6. _____ Merab and Michal were both daughters of King Saul.

7. _____ Peter had a vision in the book of Acts that repeated itself three times.

8. _____ Twenty-five years were added to Hezekiah's life.

9. _____ Jehoash was twenty-seven when he was crowned king.

10. _____ The word *coffin* is used three times in the Bible.

11. _____ Isaac received the first recorded kiss in the Bible.

12. _____ The book of Judges talks about camels wearing necklaces.

13. _____ Queen Athaliah tore her clothes when she was put out of power by the priest.

14. _____ Samson was buried with Manoah, his brother.

15. _____ Joseph's bones were buried at Shechem.

16. _____ In ancient times, Egyptians wouldn't eat with Hebrews.

17. _____ Pharaoh gave Joseph an Egyptian name—Zaphnathpaaneah.

18. _____ Stephen's letters were often passed from church to church.

19. _____ Abraham was 150 years old when Isaac was born.

20. _____ Jacob once bought a campsite for two hundred pieces of silver.

21. _____ Moses killed and buried an Egyptian in the sand.

22. _____ The Israelites were in bondage for four hundred years.

23. _____ David was fifty years old when he became king.

24. _____ In the book of Revelation, hailstones weigh a talent each.

25. _____ Eve is the mother of all the living.

26. _____ Abraham was the first man on earth.

27. _____ Noah's ark was three hundred cubits long.

28. _____ Haman was hanged for plotting against the Jews.

29. _____ The twenty sons of Haman were hanged on the same gallows as Haman.

30. _____ Judas hanged himself after betraying Jesus.

31. _____ King Manasseh of Judah sacrificed his own son.

32. _____ Saul killed his son Jonathan.

33. _____ According to Proverbs, a virtuous woman is worth more than rubies.

34. _____ Abimelech paid one thousand shekels of silver to vindicate Sarah.

35. _____ Judas received forty pieces of silver to betray Jesus.

36. _____ King Nebuchadnezzar made an image of silver that was seventy feet long.

37. _____ King Josiah purged Judah by burning the priests' bones on their altars.

38. _____ Jesus once cursed an apple tree.

39. _____ After Jacob wrestled with an angel all night, God changed his name to Israel.

40. _____ Adonibezek, a Canaanite, cut off the thumbs and big toes of seventy kings.

41. _____ During the flood, water covered the mountains by more than forty feet.

42. _____ Twenty was the minimum age for serving in the Israelite army.

43. _____ Andrew was a disciple of John the Baptist before following Jesus.

44. _____ Naomi was a judge and prophetess who was married to Lapidoth.

45. _____ Moses once sprinkled blood on the Israelites.

46. _____ The Mediterranean Sea is also known as the Sea of the Philistines.

47. _____ The Last Supper was a Passover feast.

48. _____ James, the son of Zebedee, and Matthew were brothers.

49. _____ A lump of figs was applied to Hezekiah's boil as a poultice, and he recovered.

GROUP 2

1. _____ Deborah held court in the shade of a palm tree.

2. _____ The angel of the Lord spoke to Gideon while sitting under a pine tree.

3. _____ The apostle John was the son of Zebedee.

4. _____ When Mary looked into Jesus's empty tomb, she saw two angels.

5. _____ The Thessalonians weren't as noble as the Bereans.

6. _____ The tabernacle curtain had fifty loops and fifty gold clasps.

7. _____ Absalom had one hundred men running ahead of his chariot.

8. _____ Each gold nail in the tabernacle weighed fifty shekels.

9. _____ Peter baptized Lydia in Philippi.

10. _____ Jesus was a high priest after the order of Melchizedek.

11. _____ To save himself, Isaac told people that his wife was his sister.

12. _____ Joseph was twenty-three when his brothers sold him to the Ishmaelites.

13. _____ Jesus fed four thousand people with a few loaves of bread and some fish.

14. _____ Moses and Abraham appeared with Jesus on the Mount of Transfiguration.

15. _____ Samson was a judge over Israel for twenty years.

16. _____ Lazarus was in his tomb for three days when Jesus called him out.

17. _____ The clothes of John the Baptist were made of goat skin.

18. _____ In Pharoah's dream, seven gaunt cows ate seven sleek cows.

19. _____ King Herod gave the head of John the Baptist to his wicked wife.

20. _____ King Belshazzar had Daniel thrown in a lions' den.

21. _____ Solomon was made king before David died.

22. _____ Jesus was thirty-three years old when he started his ministry.

23. _____ Noah's son Japheth was older than his brother Shem.

24. _____ After Jesus left the tomb, John was the first person to see him.

25. _____ King Asa was diseased in his feet.

26. _____ Aaron died on Mount Hor.

27. _____ Jair and Tola were ungodly kings defeated by the Midianites as a judgment from God.

28. _____ Samson was from the tribe of Dan.

29. _____ Salmon was the father of Boaz.

30. _____ The name Judas Iscariot appears ten times in the Bible.

31. _____ King Zedekiah was the grandson of Jeremiah the prophet.

32. _____ Obadiah hid 150 prophets in caves to protect them from Jezebel.

33. _____ Jesus said, "My meat is to do the will of him that sent me, and to finish his work."

34. _____ The Israelites had trouble conquering Ai because of Achan's sin.

35. _____ The bitter extract gall comes from a plant in Palestine.

36. _____ An ephod is a sleeveless vest worn by priests.

37. _____ Abba means "dear mother" in Aramaic.

38. _____ Ben, as in Ben-Hadad, means "son" in Hebrew.

39. _____ Elisha saw Elijah ascend to heaven from west of the Jordan River.

40. _____ In the book of Ruth, Naomi changed her name to Mara.

41. _____ King Solomon had twelve thousand horsemen.

42. _____ A bier was a bed used for a priest.

43. _____ Mary had seven children after giving birth to Jesus.

44. _____ In Leviticus, fat is the part of the bull removed as part of the sin offering.

45. _____ Seven demons were driven out of Mary Magdalene.

46. _____ Mary, the mother of Jesus, was scolded for not helping with dinner.

47. _____ When Mary and Martha's brother died, Jesus brought him back to life.

48. _____ King Hezekiah tore his clothes, put on sackcloth, and went into the temple.

49. _____ David said, "My clothing was sackcloth: I humbled my soul with talking."

50. _____ When Haman ordered the death of all Jews, Mordecai put on sackcloth.

GROUP 3

1. _____ Jacob put on sackcloth when he thought Joseph had been eaten by an animal.

2. _____ Job wore robes during his time of torment.

3. _____ In the day of Jeremiah, people put scarecrows in melon patches.

4. _____ Saul paid a visit to the witch of Endor.

5. _____ Shem was the father of Canaan.

6. _____ John ate a scroll that was sweet as honey, but it made his stomach sour.

7. _____ David had fifty children.

8. _____ After Noah became drunk with wine, he remained fully dressed.

9. _____ King Ahasuerus lived in the city of Shushan.

10. _____ The seven sons of Sceva were attacked by a demon-possessed man.

11. _____ Isaiah was naked and barefoot for ten years.

12. _____ Noah had seven days to gather all the animals into the ark.

13. _____ Zechariah saw a flying scroll sixty feet long and twenty-five feet wide.

14. _____ Asenath was Joseph's wife.

15. _____ The New Jerusalem will be fourteen hundred miles long and fourteen hundred miles wide.

16. _____ It's better to live on the roof than to live inside with a mean wife.

17. _____ When Reuben lay with Jacob's concubine, he lost his birthright.

18. _____ There are three books in the Bible named after women.

19. _____ Daniel saw a statue whose feet were crushed by a stone.

20. _____ In Daniel's dream, four winds of heaven stirred up the sea.

21. _____ Pilate's wife blamed Jesus for her unpleasant dream.

22. _____ The Magi were warned in a dream about Herod's evil scheme.

23. _____ Job saw angels going up and down on a ladder.

24. _____ Joseph's brothers were annoyed with his dreams.

25. _____ Jeremiah walked around naked for three years.

26. _____ Rhoda's dancing proved fatal for John the Baptist.

27. _____ Abraham laughed at God's promise of a child in his old age.

28. _____ Miriam led the women of Israel into a victory dance.

29. _____ Psalms is the only book in the Bible that mentions God laughing.

30. _____ James was the first Christian martyr in the Bible.

31. _____ At 969 years, Methuselah was the longest-lived man.

32. _____ Othniel was the first judge of Israel.

33. _____ The first plague in Egypt was three days of darkness.

34. _____ Cain built the first city in the Bible.

35. _____ David was the first king of Israel.

36. _____ Lamech was the first polygamist.

37. _____ Daniel mourned for three full weeks.

38. _____ Melchizedek was a priest of the Most High God.

39. _____ Pilate's daughter told him to have nothing to do with Jesus.

40. _____ Jesus walked on water in the Sea of Galilee.

41. _____ Jacob slept on a pillow of stone at Bethel.

42. _____ Jonah's name was changed to Israel.

43. _____ Elisha outran a team of horses.

44. _____ John outran Peter to Jesus's tomb.

45. _____ Abraham's servant ran to meet Rebekah.

46. _____ Deborah was the only female judge of Israel.

47. _____ Jochebed was the mother of Joshua.

48. _____ Josiah was the only child king of Judah.

49. _____ Anna was eighty-four years old when she saw the young Jesus.

50. _____ Miriam was once afflicted with leprosy for being rebellious.

GROUP 4

1. _____ Lot's son was turned into a pillar of salt.

2. _____ Joseph killed a lion and a bear in his youth.

3. _____ Esther's Hebrew name was Hadassah.

4. _____ Barnabas was called the son of encouragement.

5. _____ Naomi lived in Moab but returned to Israel after her husband's death.

6. _____ Uzziah, king of Judah, was stricken with leprosy.

7. _____ King Saul experienced famine and drought during his reign.

8. _____ Michal nagged at David for dancing in the streets.

9. _____ Abigail chose not to marry David after her husband died.

10. _____ Bathsheba and David were the parents of Solomon.

11. _____ Jezebel led Ahab into idolatry.

12. _____ Rizpah was the wife of King Saul.

13. _____ Adam is mentioned forty times in the Bible.

14. _____ Jesus is the most mentioned man in the Bible.

15. _____ Sarah bore a child at age ninety.

16. _____ David built pagan temples to please all of his foreign wives.

17. _____ Elisha heard the "still small voice" of God.

18. _____ Peter said to Jesus, "My LORD and my God."

19. _____ Sarah was the wife of Abraham.

20. _____ When building the Tower of Babel, men were trying to reach heaven.

21. _____ Jesher was the son of Caleb.

22. _____ Rachel was Jacob's first wife.

23. _____ The woman with the issue of blood touched Jesus's feet and was healed.

24. _____ Five loaves of bread were used to feed the five thousand disciples.

25. _____ In a dream, Joseph was told about Jesus's miraculous conception.

26. _____ David, the Egyptian official, had a feast prepared for his kinsmen from back home.

27. _____ Jesus's first dinner after his resurrection was in the village of Emmaus.

28. _____ The brother of the prodigal son was given a feast of which the entrée was a fatted calf.

29. _____ Jesus fasted for forty days on Mount Sinai.

30. _____ Elisha received meals from the mercy of birds.

31. _____ Jesus ate fish after his resurrection to prove he was not a mere phantom.

32. _____ John's Gospel records the graves opening after Jesus's death on the cross.

33. _____ Jesus refers to the scribes and the Pharisees as "graves which appear not."

34. _____ Jesus's father Joseph gave his tomb of rock as a burial for Jesus.

35. _____ David said, "The Spirit of the Lord is upon me, because he hath anointed me to preach the gospel."

36. _____ This was prophesied by Joel: "Your sons and your daughters shall prophesy."

37. _____ Peter was a Roman citizen.

38. _____ Saul was the king when Jerusalem fell to the Babylonians.

39. _____ Daniel predicted the Babylonian exile to Hezekiah.

40. _____ King Zedekiah died in exile in Babylon.

41. _____ According to Deuteronomy, God's voice came from a cloud.

42. _____ Jonathan told Saul that obeying God's voice was more important than sacrificing animals.

43. _____ Matthew mentions the voice of Rachel weeping for her children.

44. _____ Silas and Timothy stayed in Berea while Paul went on to Athens.

45. _____ Bethlehem was the home of Mary, Martha, and Lazarus.

46. _____ Israel was the site of Jacob's famous dream.

47. _____ Paul ate a book that tasted good but gave him indigestion.

48. _____ Malachi mentions the Lord's "book of remembrance."

49. _____ According to Revelation, "the Lion of the tribe of Judah" will open the book with one seal.

50. _____ According to Jeremiah, Cyrus was God's appointed shepherd.

GROUP 5

1. _____ The epistle Hebrews speaks of the "great shepherd of the sheep."

2. _____ "He shall feed his flock like a shepherd" is found in the book of Psalms.

3. _____ Gihon, Euphrates, Nile, and Tigris were the four rivers that connected in the garden of Eden.

4. _____ The Israelites crossed the river of Jordan when they entered Canaan.

5. _____ The Pison was the first body of water to be affected by the plague in Egypt.

6. _____ "Who am I, that I should go unto Pharaoh," said Aaron.

7. _____ Jeremiah said, "I am but a little child; I know not how to go out or come in."

8. _____ Solomon said unto the Lord, "Ah, Lord God! behold, I cannot speak: for I am a child."

9. _____ David asked God, "Shall I pursue after this troop? shall I overtake them?"

10. _____ "Thou shalt not seethe a kid in his mother's milk" is found in the book of Genesis.

11. _____ Abram went to Ur after leaving Haran.

12. _____ Paul and Barnabas were deserted by Mark in Pergamos.

13. _____ Philadelphia receives the most praise of all the seven cities of Asia.

14. _____ The Assyrian king Sennacherib received tribute from Hezekiah in Lachish.

15. _____ Song of Solomon mentions a woman using such perfumes as spikenard, calamus, myrrh, aloes, and many others.

16. _____ Mary Magdalene anointed Jesus's head with an expensive ointment known as spikenard.

17. _____ According to Proverbs 27:9, "Ointment and perfume rejoice the heart."

18. _____ Gideon had seventy-one sons.

19. _____ Ham was Noah's youngest son.

20. _____ Moses was famous as an eater of locusts.

21. _____ Daniel, Shadrach, Meshach, and Abednego refused to eat the vegetables of the Babylonian king.

22. _____ Jacob traded his bread and lentil stew for his brother's birthright.

23. _____ The king of Sodom escaped his attackers by hiding in slime pits.

24. _____ Joseph took Mary and the infant Jesus to Bethlehem in order to escape the wrath of King Herod.

25. _____ Seven people escaped the violent storm tragedy in the household of Job.

26. _____ Joash is the youngest king mentioned in the Bible.

27. _____ The largest army assembled in the Bible was one million men.

28. _____ "Lord, save me," uttered by Peter, is the shortest prayer in the Bible.

29. _____ God told John the Baptist to take his shoes off because he was standing on holy ground.

30. _____ Peter said that he was not worthy to carry the Messiah's sandals.

31. _____ Abram told the king of Sodom that he would not accept a gift of shoelaces.

32. _____ A donkey suggested that stones could be turned to bread.

33. _____ Jacob was a maker of ladders in his profession.

34. _____ The Amorite enemies of Joshua were pelted by stones from the Lord.

35. _____ It took David only two sling throws to kill Goliath.

36. _____ Goliath joined with wicked King Ahaziah of Israel in building a navy to go to Tarshish.

37. _____ Solomon, the king of Israel, had two navies.

38. _____ Saul's bones were buried under a tree at Jabesh.

39. _____ Jeremiah had a vision of a valley filled with men's dry bones.

40. _____ Elijah's bones had sufficient power to raise another man from the dead.

41. _____ The apostle John owed his life to a basket.

42. _____ Pharaoh's baker had a dream of three breadbaskets.

43. _____ Five basketsful of food were collected after the feeding of the five thousand.

44. _____ The blue sky was a reminder that the world would never again be destroyed by a flood.

45. _____ The Lord's Supper was a reminder of Christ's body and blood.

46. _____ The Purim was a memorial of the Jews' salvation from the wicked Persian Haman.

47. _____ The swaddling clothes and the manger were a sign that the wisemen had found the baby Jesus.

48. _____ According to Jesus, Jonah's sign will be given to the unbelieving Jews.

49. _____ Jeroboam saw an altar broken as a sign that God was speaking through a prophet.

50. _____ John the Baptist had a vision of Jesus walking among seven gold candlesticks.

GROUP 6

1. _____ Abraham saw a torch from God pass between the animals he had brought to sacrifice.

2. _____ Moses was told to make a seven-branched candlestick to place inside the tabernacle.

3. _____ Joseph wore a camel-hair tunic.

4. _____ King Saul wore a gold bracelet.

5. _____ Moses was given fine linen, the Pharaoh's ring, and a gold chain for his neck.

6. _____ Nicodemus asked, "How can a man be born when he is old?"

7. _____ Isaac was told to take off his shoes because he was on holy ground.

8. _____ Jesus said, "Wherefore by their fruits ye shall know them."

9. _____ Ananias was told to go to a street called Straight.

10. _____ Paul told Timothy, "Let no man despise thy youth."

11. _____ Michal was the second wife of David.

12. _____ The church at Laodicea was called lukewarm.

13. _____ Matthew said, "Whatsoever a man soweth, that shall he also reap."

14. _____ John the Baptist preached in the wilderness of Judaea.

15. _____ Bethlehem was known as the city of David.

16. _____ Moses was told to be strong and of good courage.

17. _____ Moses appointed seventy elders to help him with the children of Israel.

18. _____ Soldiers divided the garments of Jesus into four parts.

19. _____ Abraham left the country of Ur.

20. _____ The birth of Jesus was prophesied by Micah.

21. _____ Rahab hid three spies on the roof of her house.

22. _____ Jonah is the last book of the Old Testament.

23. _____ Paul said, "But godliness with contentment is great gain."

24. _____ Manoah was the father of Samson.

25. _____ Solomon said, "Even in laughter the heart is sorrowful."

26. _____ Psalm 119 is the longest chapter in the Bible.

27. _____ John said, "In my father's house are many mansions."

28. _____ Judas betrayed Jesus with a hug.

29. _____ Esau was holding on to the heel of his brother when he came out of his mother's womb.

30. _____ 1 Corinthians 14 is known as the love chapter.

31. _____ Peter carried the cross for Jesus.

32. _____ Jacob bowed seven times when he approached Esau.

33. _____ When Peter knocked at the door of the gate, Rhoda answered.

34. _____ The walls of Jordan fell down when trumpets were blown.

35. _____ Jesus told Peter to forgive his brother seventy times seven.

36. _____ Abel said, "Am I my brother's keeper?"

37. _____ King Herod saw four men walking in the fiery furnace.

38. _____ According to the book of Proverbs, a good name is more desirable than great riches.

39. _____ Uriah was known as the hairy prophet.

40. _____ Nehemiah was the king's cupbearer.

41. _____ Longsuffering is a fruit of the Spirit.

42. _____ An angel released Peter from prison.

43. _____ Ananias and Sapphira lied to the Holy Spirit.

44. _____ The angel Gabriel struck Zacharias dumb because of unbelief.

45. _____ Pilate said, "I am innocent of the blood of this just person: see ye to it."

46. _____ Jesus hung on the cross for twelve hours.

47. _____ Zebedee was the father of James and John.

48. _____ The sun, moon, and stars were created on the second day.

49. _____ Jesus healed the son of Jairus.

50. _____ Hagar was the mother of Abraham's first son.

GROUP 7

1. _____ Jacob dreamed his brothers would bow down before him.

2. _____ Exodus is the second book in the New Testament.

3. _____ James was bitten by a snake.

4. _____ Moses put a veil over his face to hide the glory of God.

5. _____ Isaiah called himself a wretched man.

6. _____ Zephaniah comes after the book of Habakkuk.

7. _____ A merry heart is like good medicine.

8. _____ Mark wore golden bells on the bottom of his robe.

9. _____ Elisha was bald.

10. _____ King Herod was eaten by worms.

11. _____ The ground was cursed because of the sin of David.

12. _____ Wine is a mocker, strong drink is raging.

13. _____ Amos is the thirtieth book of the Bible.

14. _____ Gomer was the wife of Hosea.

15. _____ Joshua sent men from Jericho to spy out the land of Ai.

16. _____ Romans is the sixth book in the New Testament.

17. _____ Noah sent a dove from the ark three times.

18. _____ The wives of Solomon turned his heart away from God.

19. _____ Joseph and Mary took the young child and fled into Egypt.

20. _____ Emmanuel means "Prince of Peace."

21. _____ Joseph dreamed about a ladder that reached heaven.

22. _____ Gehazi was a servant.

23. _____ The dishes of King Solomon were made of brass.

24. _____ The pool of Bethesda had six porches.

25. _____ Joab and Abishai pursued after Abner.

26. _____ Naaman was a leper.

27. _____ Jeremiah wrote the book of Lamentations.

28. _____ Jochebed was the aunt of Moses.

29. _____ Amram lived 135 years.

30. _____ The Psalms come before the book of Proverbs.

31. _____ A camel spoke to Balaam.

32. _____ Cornelius was a centurion from Caesarea.

33. _____ Eunice was the mother of Timothy.

34. _____ Jairus was a ruler of the synagogue.

35. _____ Mathias replaced Judas as an apostle.

36. _____ Isaac was forty when he married Rebekah.

37. _____ Matthew said, "I am the way, the truth, and the life."

38. _____ Peter asked, "Is any thing too hard for the LORD?"

39. _____ When Noah was six hundred years old, the rain began to fall upon the earth.

40. _____ John the Baptist said, "This day is this scripture fulfilled in your ears."

41. _____ God spoke these words to Joshua: "Be strong and of a good courage."

42. _____ Moses was nursed by his natural mother.

43. _____ Jethro was the father-in-law of Moses.

44. _____ Abraham was the brother of Abram.

45. _____ Jeremiah said, "Here am I; send me."

46. _____ The name Pontius means "belonging to the sea."

SUBSTITUTES/BONUS

1. _____ Delilah was offered money by the Philistines to find out the source of Samson's great strength.

2. _____ Jonah preached against the great city of Tarshish.

3. _____ Sheba was beheaded.

4. _____ Mars Hill is in Athens.

5. _____ Salome was present at the crucifixion of Jesus.

6. _____ The cities Chorazin, Bethsaida, and Capernaum were all cursed by Jesus.

7. _____ Rehoboam was the son of David.

8. _____ Naamah was the mother of Rehoboam.

9. _____ King Saul tried to kill David with a spear.

10. _____ John the Baptist performed baptisms in the river Jordan.

11. _____ Jesus said, "A city set on a hill cannot be destroyed."

12. _____ Lot took advantage of his daughters after his wife died.

13. _____ To betray Jesus, Judas received fifty shekels of silver.

14. _____ The flood happened before the building of the Tower of Babel.

15. _____ John the Baptist was the son of Zacharias and Elisabeth.

16. _____ Absalom was the fourth son of David.

17. _____ Isaiah used salt to purify drinking water.

18. _____ Moses was 120 years old when he died.

19. _____ After the frogs that plagued Egypt died, they were put in big piles.

20. _____ Paul and Silas prayed and sang together in prison.

21. _____ Mary and Martha were the sisters of Moses.

22. _____ Abraham fell on his face and laughed in response to a message he received from God.

23. _____ Asher prevented his brothers from killing Joseph.

24. _____ Jesus was born in Nazareth.

COMPLETE THE SCRIPTURE

Place the words listed under the Scripture in their proper places. Then be blessed by the completed words.

PRAYER

1. JOHN 15:7

If ye _____ in me, _____ my words abide in you, ye _____ ask what ye _____, and it shall be done _____ you.

SHALL   UNTO   AND   ABIDE   WILL

2. ROMANS 8:26

Likewise the _____ also _____ our infirmities: for we know not what we _____ pray for as we ought: but the Spirit itself maketh _____ for us with groanings which _____ be uttered.

HELPETH   SPIRIT   INTERCESSION   CANNOT   SHOULD

3. MATTHEW 6:7

But when ye pray, use not vain _____, as the _____ do: for they _____ that they shall be heard for _____ much _____.

SPEAKING   THINK   REPETITIONS   THEIR   HEATHEN

4. LUKE 11:9

And I say _____ you, Ask, and it shall be _____ you; _____, and ye shall _____; knock, and it shall be _____ unto you.

OPENED   UNTO   SEEK   GIVEN   FIND

5. 1 TIMOTHY 2:1

I _____ therefore, that, first of all, _____, prayers, _____, and _____ of _____, be made for all men.

INTERCESSIONS   EXHORT   THANKS   GIVING   SUPPLICATIONS

6. JEREMIAH 33:3

Call _____ me, and I will _____ thee, and show thee great and _____ things, _____ thou _____ not.

WHICH   ANSWER   UNTO   KNOWEST   MIGHTY

7. MATTHEW 26:41

Watch and pray, _____ ye enter not into temptation: the spirit _____ is _____, but the _____ is _____.

WEAK   THAT   FLESH   WILLING   INDEED

8. 1 TIMOTHY 2:5

For _____ is _____ God, and one _____ between God and _____, the man _____ Jesus.

MEDIATOR   ONE   CHRIST   MEN   THERE

9. MATTHEW 6:5

And when thou _____, thou shalt not be as the hypocrites are: for they love to pray standing in the _____ and in the corners of the _____, that they may be seen of men. _____ I say unto you, They have their _____.

VERILY   REWARD   STREETS   SYNAGOGUES   PRAYEST

10. EPHESIANS 6:18

Praying _____ with all prayer and supplication in the Spirit, and _____ thereunto with all _____ and _____ for all _____.

PERSEVERANCE   WATCHING   SAINTS   SUPPLICATION   ALWAYS

11. PSALM 34:17

The righteous _____, and the _____ heareth, and _____ them _____ of all their _____.

LORD   OUT   TROUBLES   CRY   DELIVERETH

12. LUKE 18:1

And he _____ a _____ unto them to _____ end, that men _____ always to pray, and not to _____.

PARABLE   FAINT   THIS   OUGHT   SPAKE

13. MATTHEW 6:9

_____ this manner _____ pray ye: Our _____ which art in heaven, _____ be thy _____.

THEREFORE   NAME   FATHER   HALLOWED   AFTER

14. JUDE 21

Keep _____ in the love of _____, _____ for the _____ of our Lord Jesus Christ unto _____ life.

ETERNAL   YOURSELVES   MERCY   LOOKING   GOD

15. 2 CHRONICLES 7:14

If my _____, which are _____ by my name, shall humble _____, and pray, and seek my face, and turn from their wicked ways; then will I hear from _____, and will forgive their sin, and will _____ their land.

CALLED   HEAL   HEAVEN   THEMSELVES   PEOPLE

THE HOLY SPIRIT

16. 2 CORINTHIANS 3:17

Now the Lord is that _____ : and _____ the Spirit of the _____ is, _____ is _____.

SPIRIT   WHERE   LORD   LIBERTY   THERE

17. EPHESIANS 3:16

That he would _____ you, according to the riches of his _____, to be _____ with _____ by his Spirit in the _____ man.

INNER GRANT MIGHT GLORY STRENGTHENED

18. GENESIS 1:1–2

In the beginning God _____ the heaven and the _____. And the earth was _____ form, and void; and darkness was upon the face of the deep. And the Spirit of God _____ upon the face of the _____.

EARTH CREATED WITHOUT WATERS MOVED

19. GALATIANS 5:16

This I say then, _____ in the _____, and ye shall not _____ the _____ of the _____.

SPIRIT LUST FLESH FULFIL WALK

20. ROMANS 8:26

_____ the Spirit also helpeth our _____: for we know not what we should _____ for as we ought: but the Spirit itself maketh _____ for us with _____ which cannot be uttered.

GROANINGS INFIRMITIES PRAY LIKEWISE INTERCESSION

21. 1 CORINTHIANS 12:13

For by one _____ are we all _____ into one body, _____ we be Jews or _____, whether we be bond or free; and have been all made to _____ into one Spirit.

SPIRIT GENTILES DRINK WHETHER BAPTIZED

22. JOHN 4:24

God is a _____: and they that _____ him _____ worship _____ in spirit and in _____.

TRUTH WORSHIP MUST HIM SPIRIT

23. JOHN 14:16

And I _____ pray the _____, and he shall give _____ another _____, that he may _____ with you for ever.

WILL FATHER ABIDE YOU COMFORTER

24. GALATIANS 5:22–23

But the _____ of the Spirit is love, _____, peace, _____, gentleness, _____, faith, meekness, _____: against such there is no law.

TEMPERANCE GOODNESS FRUIT LONGSUFFERING JOY

25. 1 CORINTHIANS 3:16

_____ ye not _____ ye are the _____ of God, and that the _____ of God _____ in you?

TEMPLE KNOW DWELLETH SPIRIT THAT

26. JOHN 3:8

The wind _____ where it _____, and thou hearest the sound thereof, but canst not tell _____ it cometh, and _____ it goeth: so is _____ one that is born of the Spirit.

WHENCE LISTETH BLOWETH EVERY WHITHER

27. ACTS 2:38

Then Peter said unto them, _____, and be _____ every one of you in the _____ of Jesus Christ for the _____ of sins, and ye shall _____ the gift of the Holy Ghost.

BAPTIZED RECEIVE NAME REPENT REMISSION

28. LUKE 11:13

If ye then, being _____, know how to _____ good _____ unto your _____: how much more shall your _____ Father give the Holy Spirit to them that ask him?

HEAVENLY CHILDREN GIVE GIFTS EVIL

29. 1 CORINTHIANS 6:19

What? know ye _____ that your _____ is the _____ of the Holy
Ghost _____ is in you, which ye have of God, and ye are not _____
own?

BODY   NOT   TEMPLE   YOUR   WHICH

30. ROMANS 5:5

And hope _____ not _____; because the love of God is _____
abroad in our _____ by the Holy Ghost which is given _____ us.

SHED   ASHAMED   MAKETH   UNTO   HEARTS

31. ACTS 5:32

And we are his _____ of these _____; and so is also the Holy
_____, whom God _____ given to them that _____ him.

THINGS   WITNESSES   OBEY   GHOST   HATH

32. EPHESIANS 4:30

And _____ not _____ holy Spirit of God, _____ ye are
_____ unto the day of _____.

SEALED   WHEREBY   REDEMPTION   THE   GRIEVE

33. EPHESIANS 1:13

In whom ye also _____, after that ye _____ the word of truth, the
_____ of your _____: in whom also after that ye believed, ye were
_____ with that holy Spirit of promise.

HEARD   TRUSTED   SEALED   SALVATION   GOSPEL

34. PSALM 143:10

_____ me to do thy _____; for thou _____ my God: thy spirit is
_____; lead me into the _____ of uprightness.

WILL   ART   GOOD   LAND   TEACH

35. 2 CORINTHIANS 13:14

The _____ of the Lord Jesus Christ, and the _____ of God, and the _____ of the Holy Ghost, be _____ you all. _____.

COMMUNION GRACE WITH AMEN LOVE

36. 1 CORINTHIANS 2:14

But the _____ man receiveth not _____ things of the Spirit of God: for they are _____ unto him: _____ can he know them, because they are _____ discerned.

THE NATURAL SPIRITUALLY NEITHER FOOLISHNESS

FASTING

37. NEHEMIAH 9:1

Now in the _____ and fourth day of this month the children of _____ were assembled with _____, and with _____, and _____ upon them.

EARTH TWENTY ISRAEL SACKCLOTHES FASTING

38. PSALM 35:13

But as for me, _____ they were _____, my clothing was sackcloth: I _____ my soul with fasting; and my prayer _____ into _____ own bosom.

HUMBLED WHEN SICK MINE RETURNED

39. DANIEL 6:18

Then the _____ went to his _____, and passed the night fasting: neither were _____ of musick brought _____ him: and his _____ went from him.

PALACE KING INSTRUMENTS SLEEP BEFORE

40. JOEL 2:12

Therefore also now, _____ the Lord, turn ye even to me _____ all your _____, and with _____, and with _____, and with mourning.

FASTING   WEEPING   SAITH   HEART   WITH

41. ACTS 10:30

And _____ said, Four days ago I was fasting _____ this hour; and at the _____ hour I prayed in my _____, and, behold, a man stood before me in _____ clothing.

UNTIL   CORNELIUS   BRIGHT   NINTH   HOUSE

42. ACTS 14:23

And _____ they had _____ them _____ in every church, and had prayed with fasting, they _____ them to the Lord, on whom _____ believed.

ORDAINED   WHEN   COMMENDED   ELDERS   THEY

43. ACTS 27:33

And while the day was coming on, _____ besought them all to take _____, saying, This day is the _____ day that ye have tarried and _____ fasting, having _____ nothing.

FOURTEENTH   PAUL   CONTINUED   TAKEN   MEAT

44. 1 CORINTHIANS 7:5

_____ ye not one the _____, except it be with _____ for a time, that ye may give yourselves to fasting and prayer; and come _____ again, that _____ tempt you not for your incontinency.

CONSENT   TOGETHER   SATAN   OTHER   DEFRAUD

SCRIPTURE EXPLORATION

45. PHILIPPIANS 3:20

For our _____ is in heaven; from _____ also we look _____ the _____, the Lord Jesus _____.

CONVERSATION WHENCE FOR SAVIOUR CHRIST

46. PSALM 73:25

_____ have I in _____ but _____? and there is none upon _____ that I _____ beside thee.

EARTH WHOM DESIRE HEAVEN THEE

47. PSALM 19:1–2

The heavens _____ the glory of God; and the _____ sheweth his handywork. Day unto day _____ speech, and night unto _____ sheweth _____.

KNOWLEDGE DECLARE FIRMAMENT NIGHT UTTERETH

48. 2 TIMOTHY 4:18

And the _____ shall deliver me from every _____ work, and will _____ me unto his heavenly _____: to whom be glory for _____ and ever. Amen.

EVIL LORD EVER KINGDOM PRESERVE

49. MATTHEW 19:14

But Jesus _____, Suffer little _____, and _____ them not, to come unto me: for of _____ is the _____ of heaven.

CHILDREN KINGDOM FORBID SUCH SAID

50. JEREMIAH 32:17

Ah Lord GOD! _____, thou hast made the heaven and the _____ by thy great power and _____ out arm, and _____ is _____ too hard for thee.

NOTHING STRETCHED BEHOLD EARTH THERE

51. 1 TIMOTHY 6:7–8

For we _____ nothing into _____ world, and it is _____ we can carry nothing out. And having food and _____ let us be therewith _____ .

THIS BROUGHT CONTENT RAIMENT CERTAIN

52. 2 CORINTHIANS 5:1

For we know that if our _____ house of this _____ were dissolved, we have a _____ of _____ , an house not made with _____ , eternal in the heavens.

EARTHLY BUILDING HANDS GOD TABERNACLE

53. LUKE 24:50–51

And he led them out as far as to _____ , and he _____ up his hands, and _____ them. And it came to pass, while he blessed them, he was _____ from them, and _____ up into heaven.

BLESSED BETHANY CARRIED PARTED LIFTED

54. ISAIAH 55:9

For as the heavens are higher than the _____ , so are my ways _____ than your _____ , _____ my thoughts than your _____ .

EARTH HIGHER THOUGHTS WAYS AND

55. MATTHEW 19:21

Jesus said unto _____ , If thou wilt be _____ , go and _____ that thou hast, and give to the _____ , and thou shalt have treasure in heaven: and come and _____ me.

POOR HIM FOLLOW SELL PERFECT

56. DEUTERONOMY 4:39

Know therefore _____ day, and consider it in thine _____ , that the _____ he is God in heaven above, and upon the earth _____ : there is none _____ .

THIS BENEATH ELSE HEART LORD

57. MATTHEW 7:21

Not _____ one that saith unto me, Lord, Lord, shall _____ into the _____ of heaven; but he that _____ the will of my _____ which is in heaven.

DOETH   FATHER   EVERY   KINGDOM   ENTER

58. PSALM 27:1

The LORD is my _____ and my salvation; _____ shall I _____ ? the _____ is the strength of my life; of whom _____ I be afraid?

WHOM   LIGHT   LORD   FEAR   SHALL

59. 1 THESSALONIANS 2:11–12

As ye know how we _____ and comforted and _____ every one of you, as a father doth his children, That ye would walk _____ of God, who hath _____ you unto his _____ and glory.

CHARGED   KINGDOM   EXHORTED   WORTHY   CALLED

60. REVELATION 2:11

He that _____ an ear, let him _____ what the _____ saith unto the churches; He that _____ shall not be hurt of the second _____ .

OVERCOMETH   DEATH   HATH   HEAR   SPIRIT

61. PSALM 37:39

But the _____ of the _____ is of the _____ : he is their _____ in the time of _____ .

RIGHTEOUS   SALVATION   TROUBLE   STRENGTH   LORD

62. MARK 10:27

And Jesus _____ upon them saith, With men it is _____ , but _____ with God: _____ with God all _____ are possible.

IMPOSSIBLE   LOOKING   THINGS   NOT   FOR

63. 2 THESSALONIANS 3:3

But _____ Lord is _____, who shall _____ you, and _____ you _____ evil.

FAITHFUL   THE   KEEP   FROM   STABLISH

64. PSALM 59:16

But I will _____ of thy _____; yea, I will sing aloud of thy mercy in the _____ : for thou hast been my _____ and _____ in the day of my trouble.

POWER   SING   DEFENCE   REFUGE   MORNING

65. PSALM 73:26

My _____ and my _____ faileth: but _____ is the _____ of my heart, and my _____ for ever.

PORTION   FLESH   HEART   STRENGTH   GOD

66. PSALM 138:3

In the _____ when I _____ thou _____ me, _____ strengthenedst me _____ strength in my soul.

CRIED   DAY   ANSWEREDST   WITH   AND

67. ROMANS 13:10

Love _____ no ill _____ his neighbour: _____ love is the _____ of the _____.

FULFILLING   LAW   WORKETH   THEREFORE   TO

68. ROMANS 12:10

_____ kindly _____ one to another with _____ love; in _____ preferring one _____.

BROTHERLY   AFFECTIONED   HONOUR   ANOTHER   BE

69. 1 TIMOTHY 1:1

Paul, an _____ of Jesus Christ _____ the _____ of God our _____, and Lord Jesus _____, which is our hope.

CHRIST   SAVIOUR   COMMANDMENT   APOSTLE   BY

70. PSALM 119:116

_____ me according unto thy _____, that I _____ live: and let me _____ be _____ of my hope.

ASHAMED   NOT   UPHOLD   WORD   MAY

71. HEBREWS 6:11

And we _____ that _____ one of you do shew _____ same diligence _____ the full _____ of hope unto the end.

ASSURANCE   THE   EVERY   TO   DESIRE

72. PSALM 23:4

Yea, though I walk _____ the valley of the _____ of _____, I will fear no evil: for thou art with me; thy _____ and thy staff they _____ me.

THROUGH   COMFORT   ROD   DEATH   SHADOW

73. GENESIS 21:8

And the _____ grew, and was _____: and _____ made a great feast the same _____ that _____ was weaned.

WEANED   CHILD   ISAAC   DAY   ABRAHAM

74. JUDGES 13:24

And the _____ bare a _____, and called his name _____: and the child _____, and the LORD _____ him.

BLESSED   SON   SAMSON   GREW   WOMAN

75. HEBREWS 12:14

Follow _____ with all men, _____ holiness, _____ which no man _____ see _____ Lord.

SHALL WITHOUT PEACE AND THE

76. 1 SAMUEL 2:2

There is none _____ as the LORD: for _____ is none _____ thee: _____ is there any rock _____ our God.

LIKE HOLY NEITHER BESIDE THERE

77. ROMANS 6:22

But now _____ made _____ from sin, and become servants to _____, ye have your _____ unto holiness, and the end _____ life.

EVERLASTING FREE FRUIT BEING GOD

78. AMOS 5:14

Seek _____, and not _____, that ye may _____: and so the LORD, the God of hosts, _____ be with you, as ye _____ spoken.

SHALL EVIL HAVE GOOD LIVE

79. PROVERBS 9:10

The _____ of the LORD is the _____ of _____ : _____ the _____ of the holy is understanding.

WISDOM FEAR KNOWLEDGE BEGINNING AND

CENTER OF MY JOY MAZES

Start at the top of each circle and make your way through the maze to the center, as Jesus is the center of our joy.

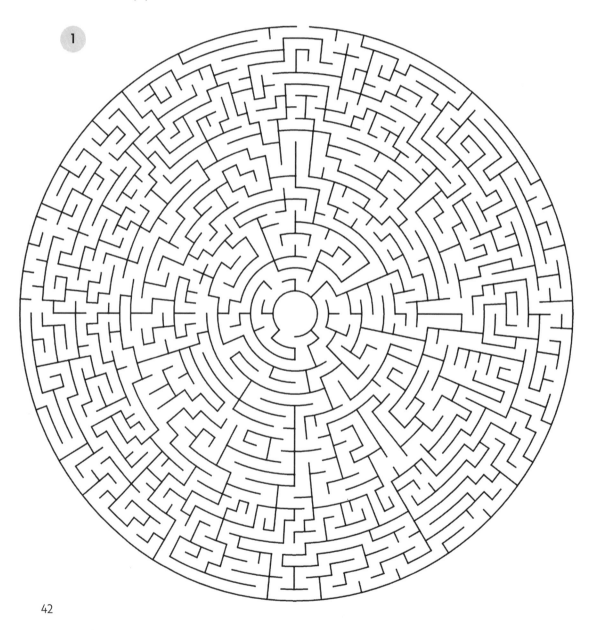

1

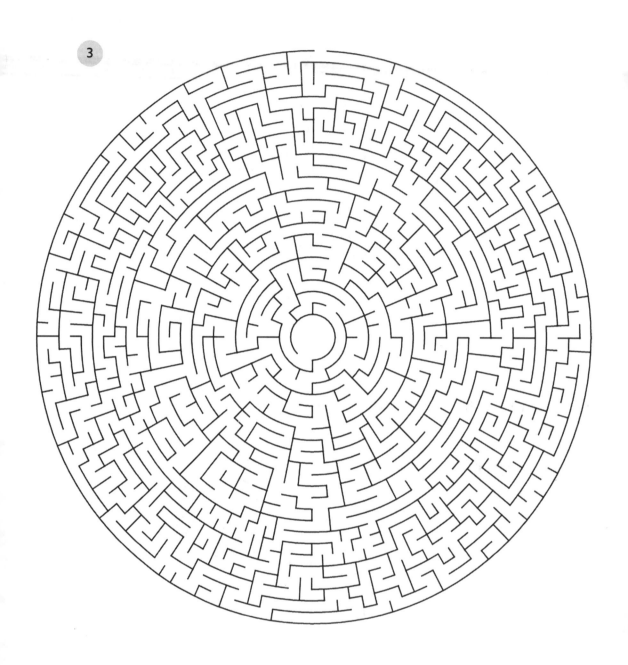

4

6

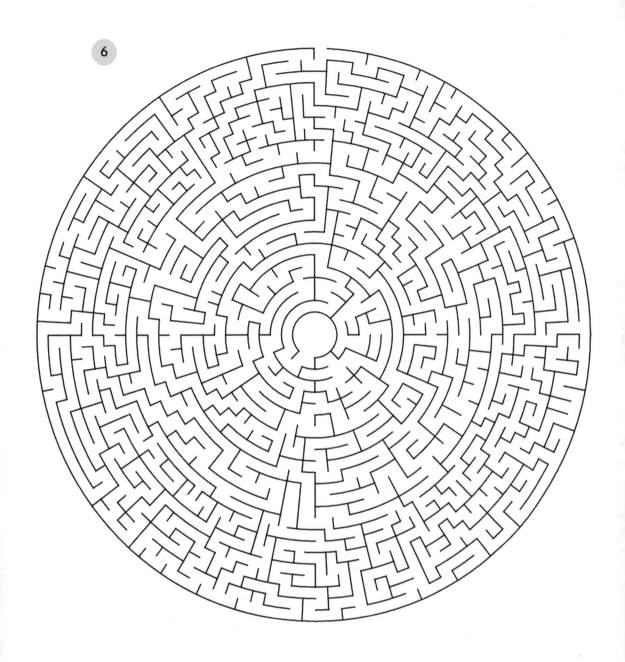

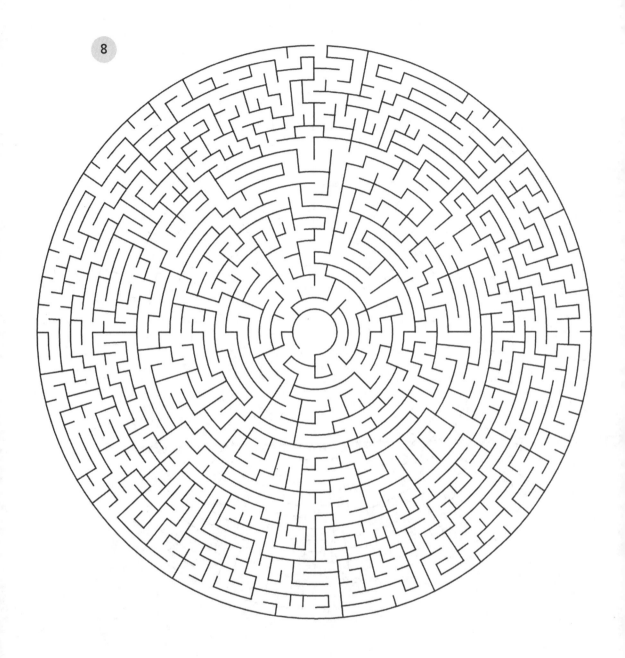

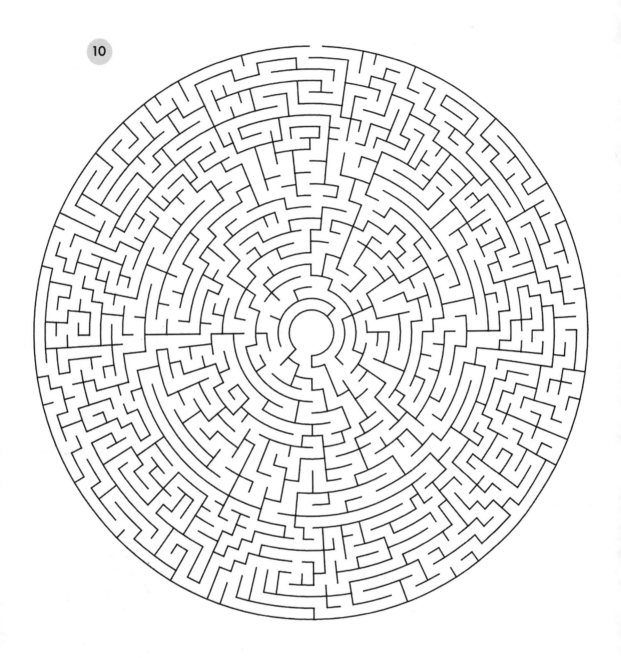

12

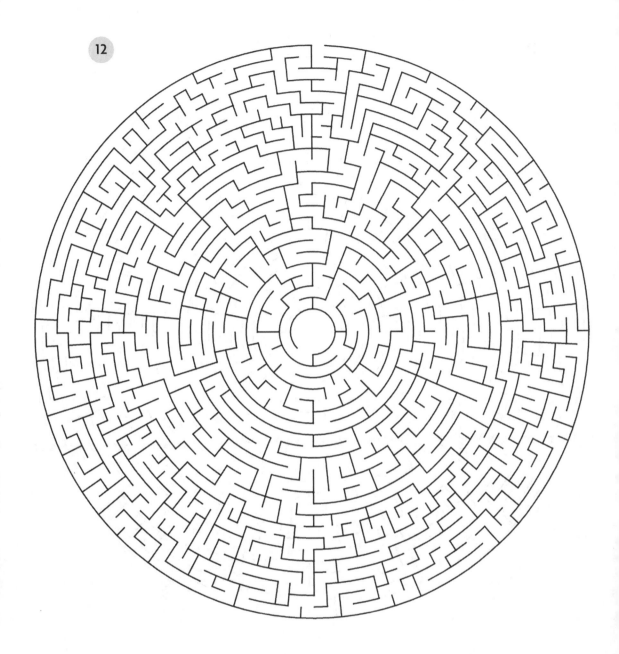

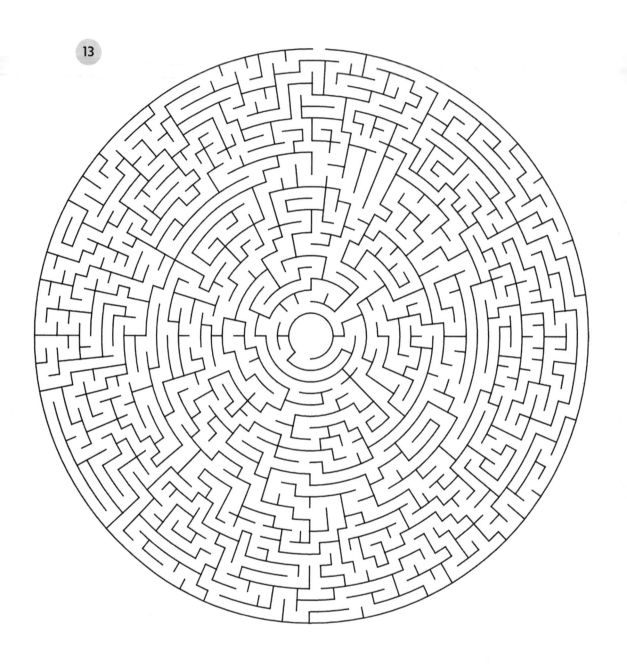

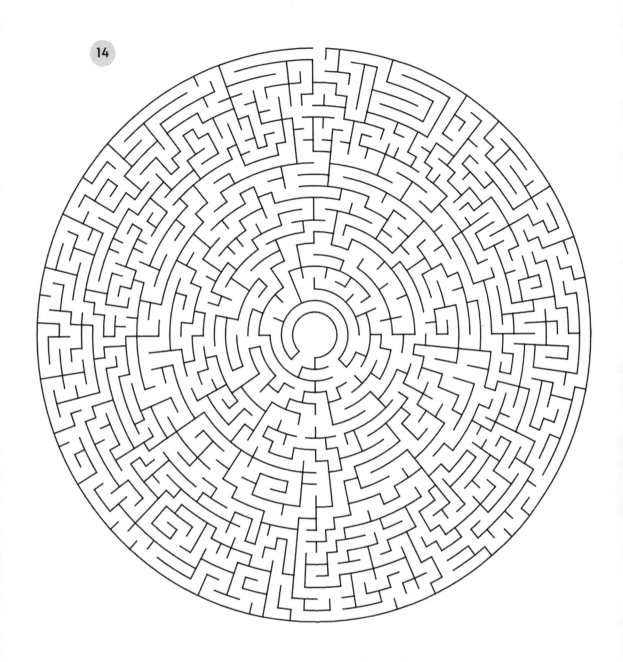

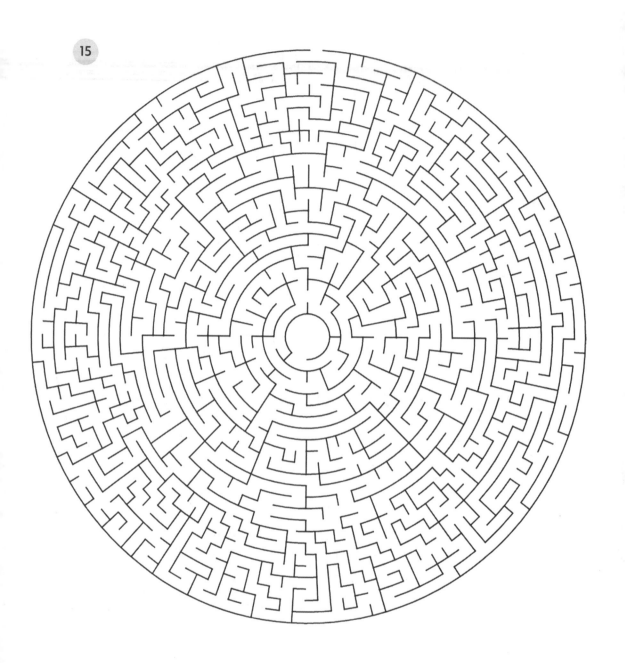

16

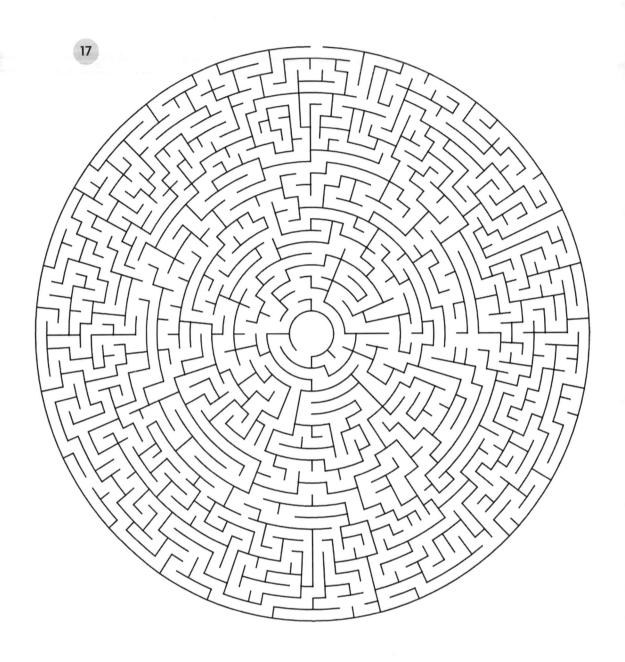

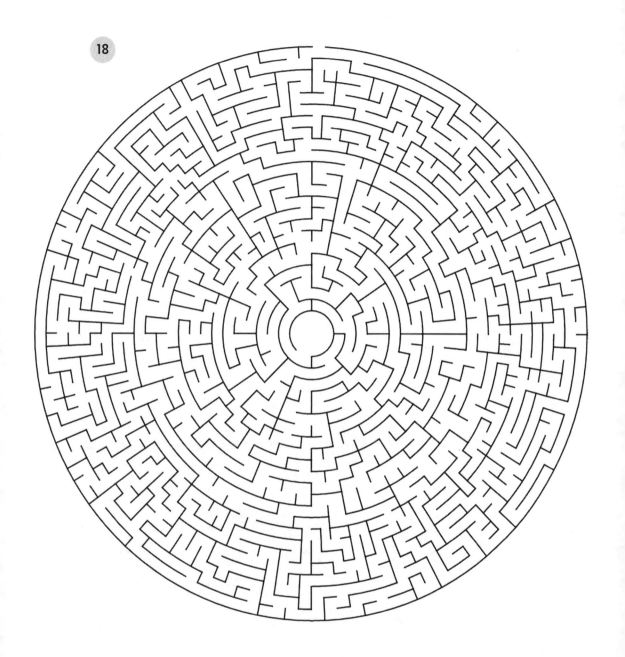

UPPER ROOM MAZES

And when they were come in, they went up into an upper room.

Acts 1:13

Start in the top left corner of the upper maze and navigate through storms until you are set free in the bottom right of the lower maze.

1

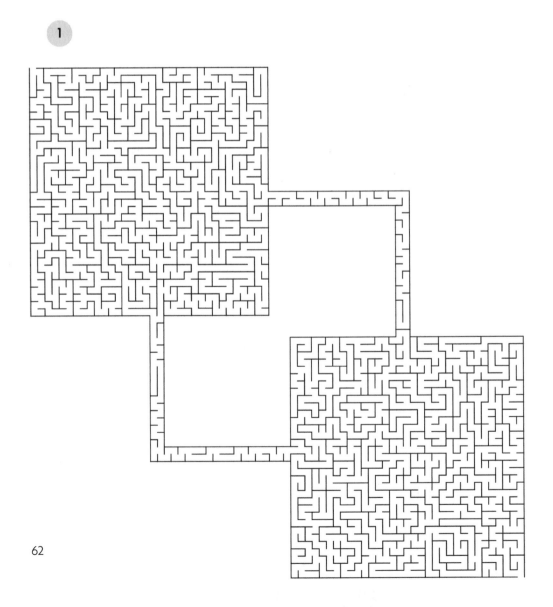

2

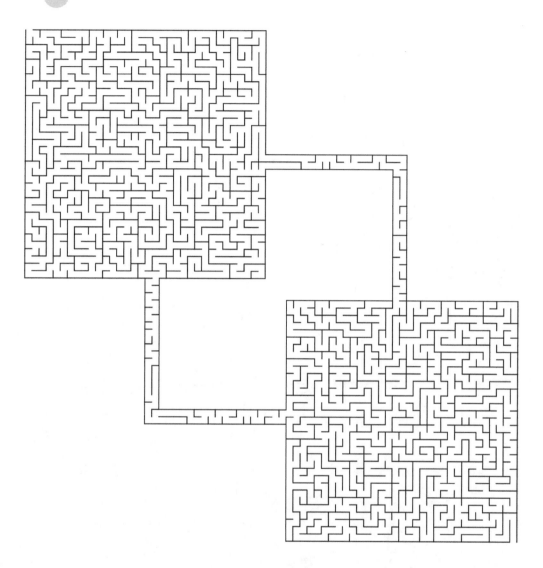

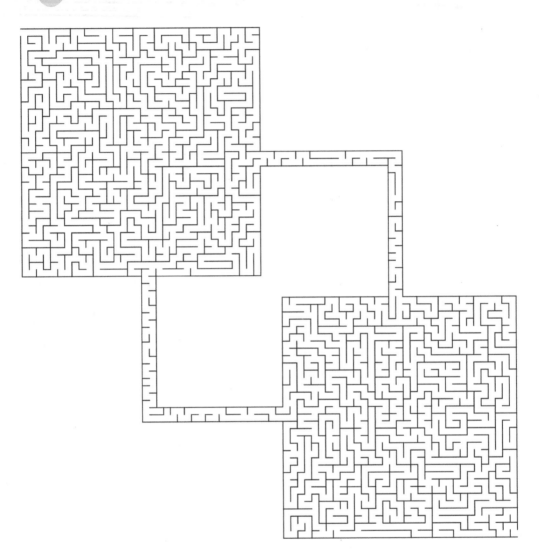

4

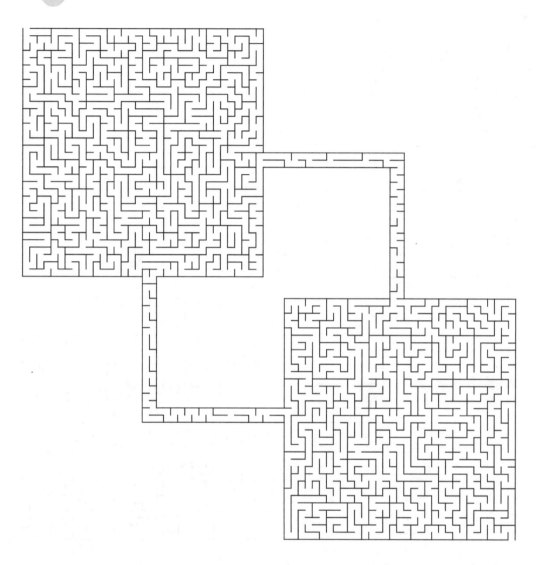

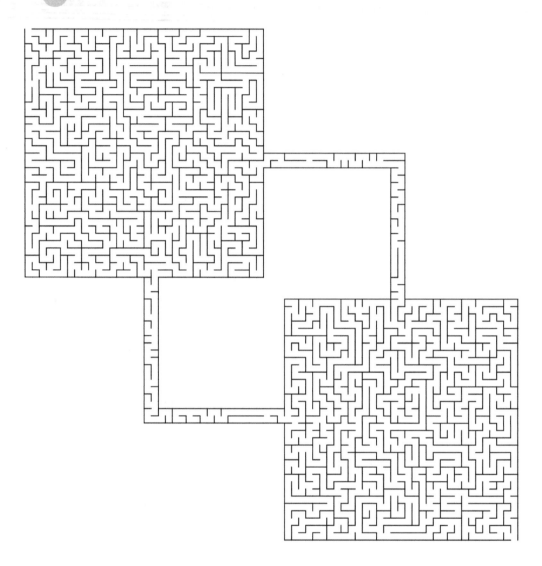

6

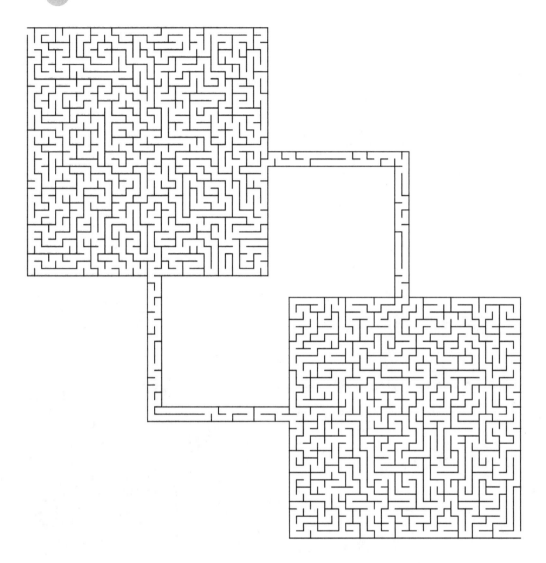

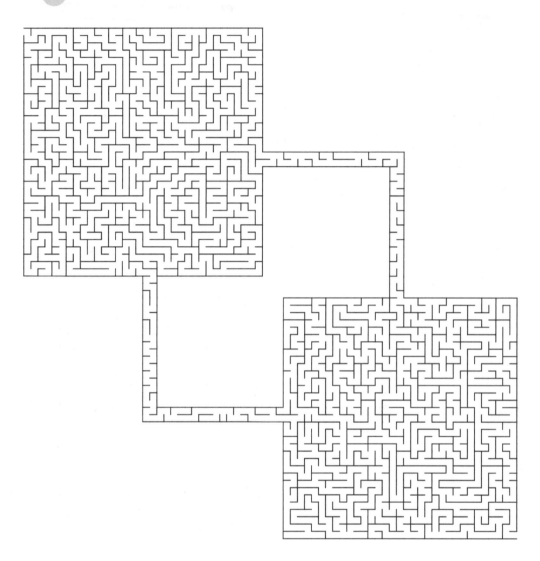

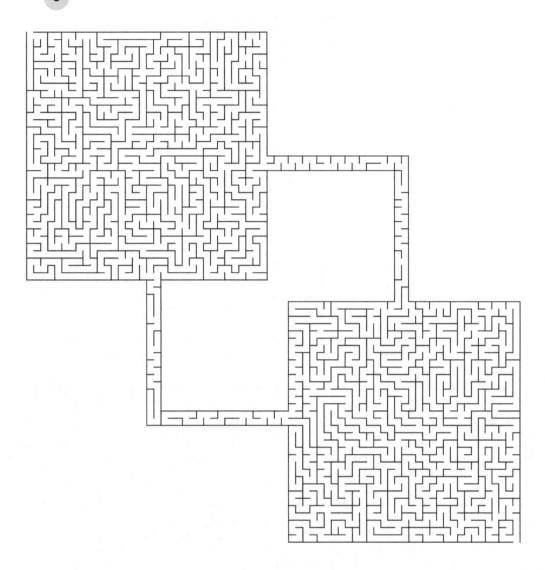

STAR MAZES

Work your way through each maze to complete your starry path.

1

2

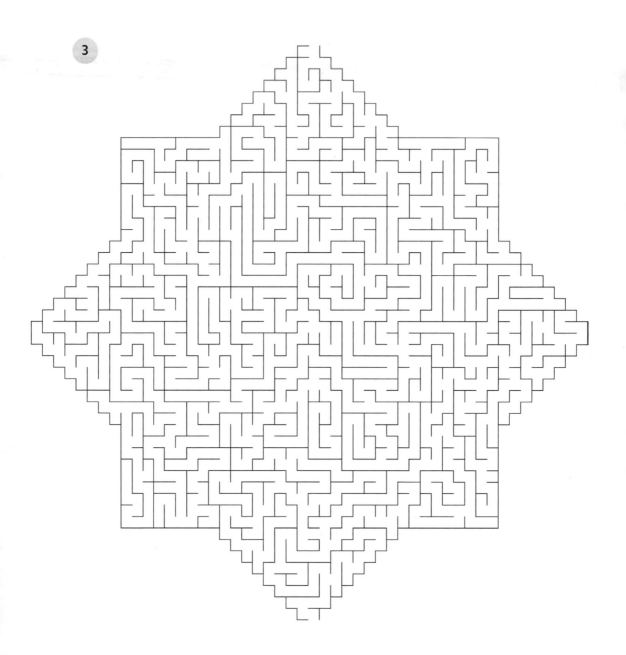

4

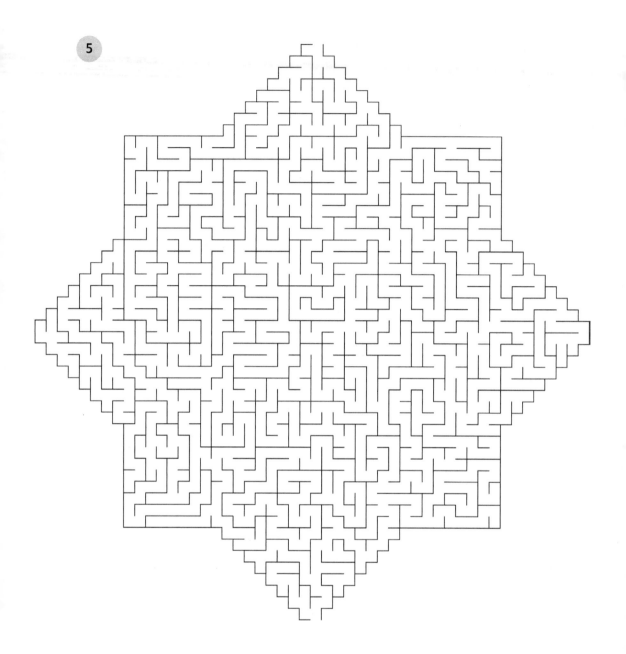

6

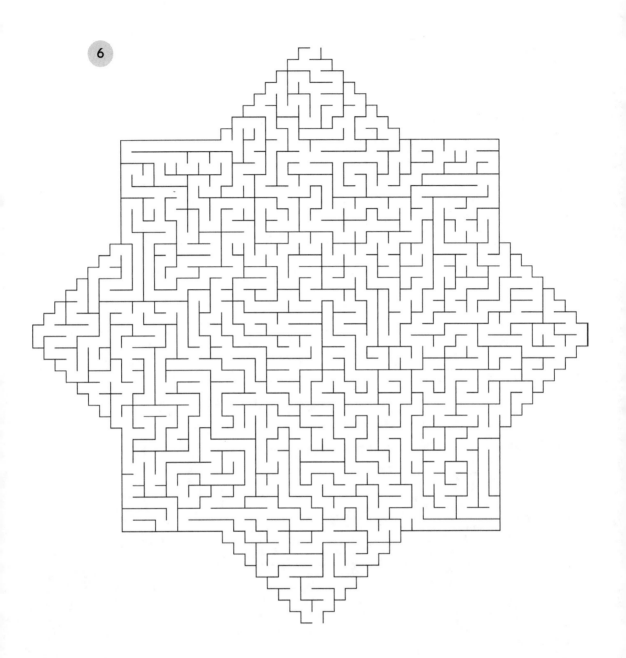

8

9

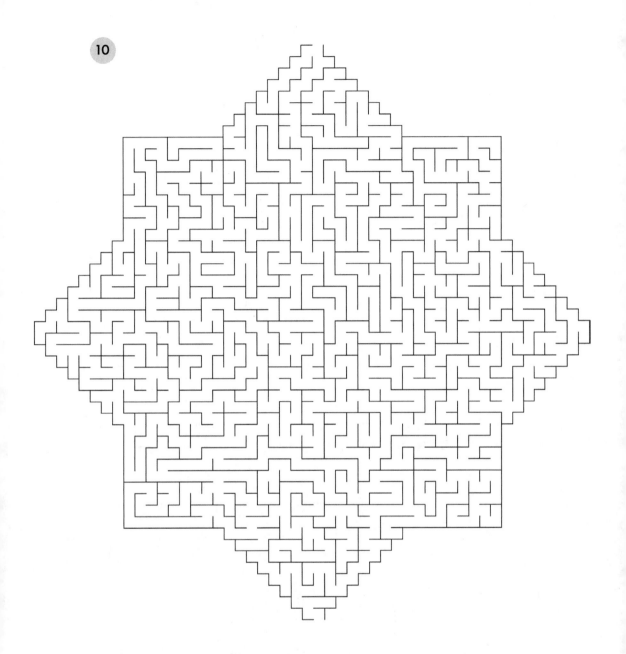

12

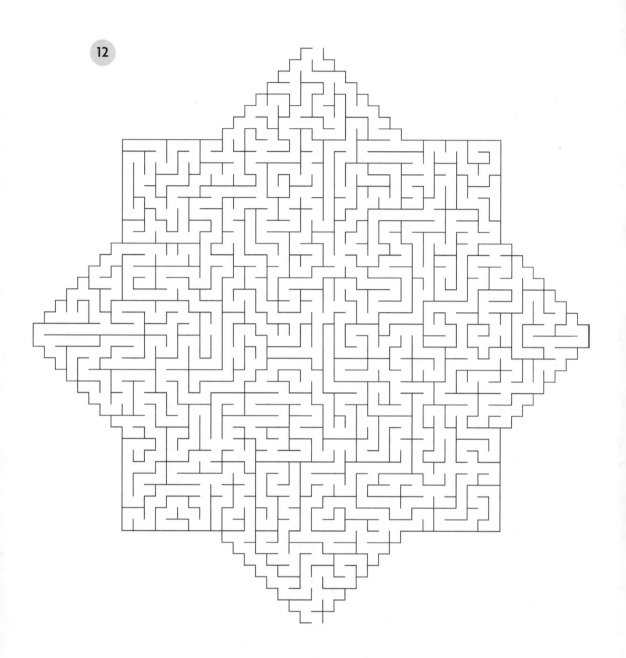

14

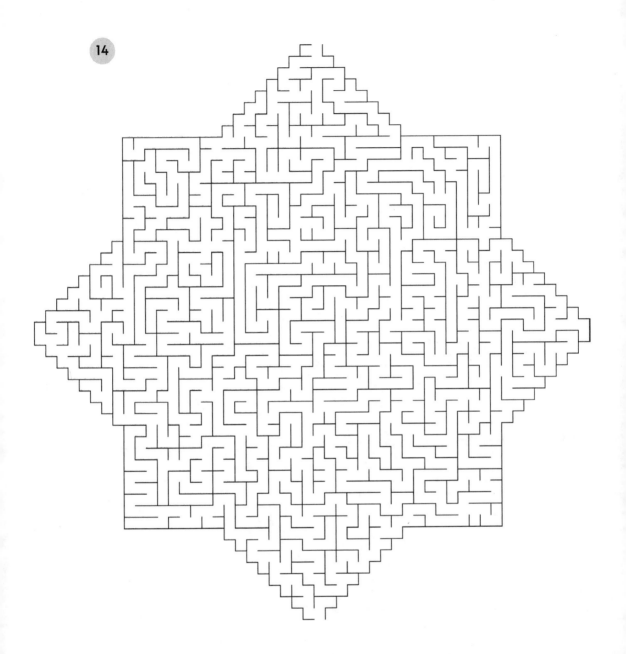

15

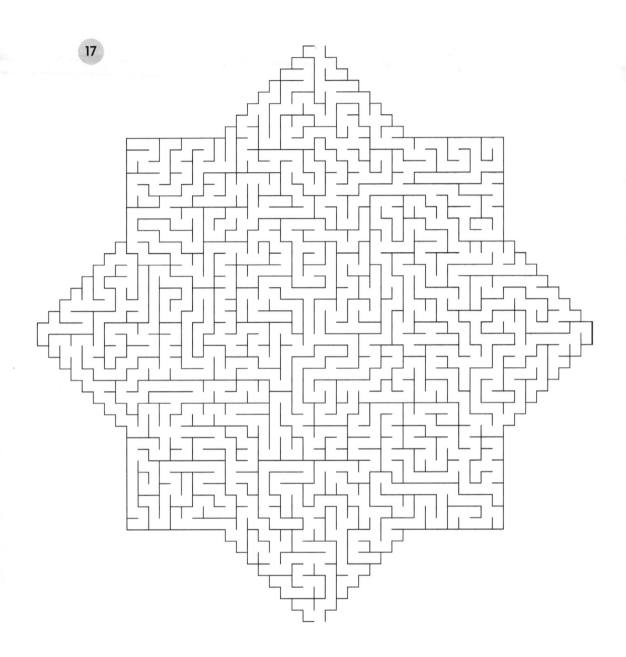

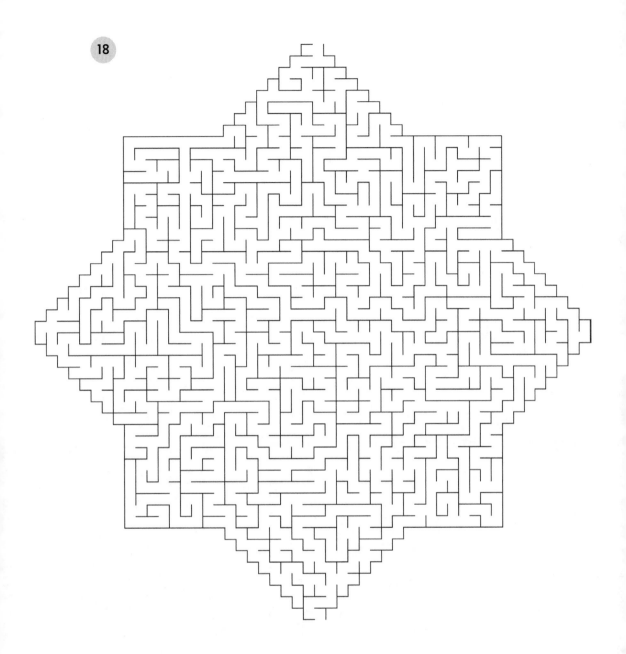

WORD SEARCHES

Hunt down each word associated with the Bible. Words are hidden across, down, and diagonally. God's blessings!

1. SONS OF JOSEPH

```
O U W I I F Y K F R Y N D Y N
B N V Z E B U L U N I S A R N
R R E U B E N M Z K V E N A H
O G B Y Y A K V D R J U D A H
T K L E V I H I M C O Q U A B
H V I S S A C H A R S C G R T
E G E V E M N S I M E O N P A
R B N L X I W N T Y P Y Y W F
O F F L O C K S A U H G Q B V
R D A N A N D G A D E E I R X
A W O N S B T A C I S R A E L
C Y T Q H D A B E N J A M I N
H I W D E G R N V W S V V K W
E U G A R W Q R W I F F U I R
L W O A I C G N A P H T A L I
```

ASHER	ISRAEL	LEVI
BENJAMIN	ISSACHAR	NAPHTALI
BROTHER	JOSEPH	RACHEL
DAN AND GAD	JUDAH	REUBEN
EGYPT	LABAN	SIMEON
FLOCKS	LEAH	ZEBULUN

2. THE DELUGE

```
C N A C M E K U Y F Y E C B U
A A H O Z Q F Y H N J V J B L
W C V J A B O V E G O E R U I
O O L F S R R U A H I N D I Z
C V C N U K B P I M H I A B B
Y E K W M U U A A A Q N T L L
C N J F F G Q K N U J G D G H
U A E W H R L F U I J I O G A
G N D D K F U U X D M R O J K
E T G E A X A I A A R A R M H
N A O S A D R D T L B I L E Y
E B P T J W S O O F T A E S Q
S I H R C L O U D V U A T D Q
I R E O B A L S A M E L R E S
S D R Y F E M A L E D A Y S D
```

ABATED	CLOUD	DRIED
ABOVE	COVENANT	EVENING
ALTAR	DAYS	FEMALE
ANIMALS	DESTROY	FRUITFUL
BALSAM	DOOR	GENESIS
BIRD	DOVE	GOPHER

3. ADAM AND EVE

```
C X B I H A W T H I S T L E S
D F V L N X D V D M E N V H W
C L I O T E R G E N M I T Y F
R C W D S R O O N J K C B N Y
E K T R E E S O P O I X I W Y
A D U S U Q D D E A T H N V F
T C O D R E X G R O U N D D R
I S U F M E D V I Q M O N T U
O U G A O E P B S R S T O N I
N I H O L F D L H E N E A X T
K S M W S X X I E N R M V X J
A M O A H Z T R V N O P O D O
Q N I B G R B R F W I T E H S
K Z O C M E L C M P D S Y N H
J U D G M E N T J K C U H N T
```

ASHAMED	GOOD	REPLENISH
CREATION	GROUND	SERPENT
CURSED	IMAGE	TEMPT
DEATH	JUDGMENT	THISTLES
ENMITY	KNOWLEDGE	TREES
FRUIT	PERISH	WOMAN

4. HEAVENLY MELODIES

```
S A N C T U A R Y S S F X A M
R E J O I C E F L T Q Q H G X
T E Y Y I S F E E M E L O D Y
A S T I U D R U Z M W G R F W
M P T Z Z B Q D I S E J N Q O
B I Q F M N N K P S A L M S R
O R G I A K U S I C H J Y Y S
U I T B L N L O Q V H M Z B H
R T E I V A N H A R M O N Y I
I U O K B L F R D M I S I P P
N A S M U P F B B R N K R R F
E L Y F N U S L V M Q E Q A S
H C Y M X A X O Y W K Z R I N
D O I D J G Y H N X M K B S I
J T R U M P E T N G P A G E Q
```

BANQUETS	JOYFUL NOISE	SONG
CHOIRS	MELODY	SPIRITUAL
CYMBALS	PRAISE	TAMBOURINE
HARMONY	PSALMS	TIMBRELS
HORN	REJOICE	TRUMPET
HYMNS	SANCTUARY	WORSHIP

5. AT THE CROSS I

```
G A R M E N T S L K B V I G Y
O D G T V N P T A L O N E R S
L A S V B E T R A Y E D A W V
P Q G I Q N X E Z V F V D E F
B M M A E Q N W S T L A E I O
A J S T R P W A Y A D G X W D
R H A F R D H M C X W O O E G
A E J I G P E I R L A Q G Q O
B J J N A H W N U K X G Z T L
B H E I P T Q N C H O K I N G
A P A S M D J O I L C W B C O
S C A H U H O C F O D X J O T
W L V E Z S U E Y C E Y E Q H
B M T D Z H D N A R R E S T A
I S C A R I O T O C J K H T E
```

ALONE	CAIAPHAS	GARMENTS
ARREST	CALVARY	GOLGOTHA
BARABBAS	CRUCIFY	INNOCENT
BEATEN	FINISHED	ISCARIOT
BETRAYED	FLOGGED	JESUS
BLASPHEMY	GARDEN	KING

6. AT THE CROSS II

```
O V R H S N J S O R R O W Y K
M I C P P O K S O T N M Q F T
R C Q G A B J S O S O V L Y L
L T F C K S L H G L N M W O B
X O Q R O O S T E R D V B W E
T R I A L P H O B E D I E N T
M I W T B M I T V Z T N E F P
R O A R I N G E H E E E Y R T
A U F J D C W H R R R G R S S
S S V E S T U R E C W A O E A
H H J Z Z H D Y Z Q E R M R I
A Z I E F O A C L K O D A V C
M G S U R R O U N D E D N A X
E M T X P N S Z F Q J W S N C
R Q Y I X S T M P P H U X T F
```

OBEDIENT	ROOSTER	THORNS
PASSOVER	SERVANT	TOMB
PIERCED	SHAME	TRIAL
PRAYER	SOLDIERS	VESTURE
ROARING	SORROW	VICTORIOUS
ROMANS	SURROUNDED	VINEGAR

7. REVELATION OF JESUS CHRIST I

```
P X O C H O R S E M E N Q J D
V Q S Q A K K C W E U F Q L A
D R A G O N I V J L K T K C T
A A U B Y J D N B P V I N B W
L N M Z D S K L G O L Q L E C
M A G E R F E G E D S M T H H
L T G E N T I L E S O L T O U
T I D O L L Y L Q G T M I L R
J L H J E S A L P H A I U D C
E X Q A N N B O B B J K C F H
W F R C R J U D G M E N T K G
Z S X E L A O D I C E A R K S
I X T B L V F Q H X W M Q I M
O E T Q K W D B R E T H R E N
B O O K O F L I F E J D I W L
```

ALPHA	CANDLESTICKS	HORSEMEN
AMEN	CHURCH	ISRAEL
ANGELS	DRAGON	JUDGMENT
BEHOLD	ELDERS	KINGDOM
BOOK OF LIFE	ETERNAL	LAMB
BRETHREN	GENTILES	LAODICEA

8. REVELATION OF JESUS CHRIST II

```
V L E P Q Q X W U X U D J J W
C T W D U T E S T I M O N Y P
V R W R M P S E A L S X B D H
D I X I I Q S I J W N E H S I
L U S L T T E J S C O R P T L
W M B I N N T G E W Z E A V A
P P A I O S E E A R B B A O D
P H A M Z N R S N A D E N C E
E S I Z A H G E S T A L O P L
R S Y M B O L S X H M L O L P
G M R I G H T H A N D I M A H
A Y O V E R C O M E Q O E G I
M R V M D K Q D M J N N G U A
O N P W P R I N C E N D A E B
S A Q I H J B I Q C R D C S A
```

OMEGA	REBELLION	TESTIMONY
OVERCOME	RIGHT HAND	TRIUMPH
PERGAMOS	SAINTS	VISION
PHILADELPHIA	SEALS	WITNESS
PLAGUES	SMYRNA	WRATH
PRINCE	SYMBOLS	WRITTEN

9. THE PLAGUES OF EGYPT

```
U N L E A V E N E D F Y V J G
Y O Q H S D D V F E I U A U A
L I J P T V O R I L R Q K D N
A N W E X A O H T I S T N G D
M F B S U K R A V V T E I M I
B E C T V Z P H H E B S I E W
S S F I R F O Y R O U U N S
B T L L I A S S Z A R J C T T
L E T E I V T S O N N G M S A
O D E N J E S O K C C K E N F
O V K C M Z S P W E R K G A F
D P E E L O C U S T S F F K R
R S I K I S S M I R A C L E S
H E B R E W S E P H A R A O H
Q V L I F T Q M S A D J I R I
```

DELIVERANCE	INFESTED	PESTILENCE
DOORPOSTS	JUDGMENT	PHARAOH
FIRSTBORN	LAMB'S BLOOD	SIGN
FLIES	LOCUSTS	SNAKE
HEBREWS	MIRACLES	STAFF
HYSSOP	MOSES	UNLEAVENED

10. GOD'S FAVOR I

```
F C O M P A S S I O N N D A O
E A F D P T M I R Y O H Q T G
N S D C A A G X O L P Z J N Z
C T I I E R X L Y H K H I L Q
H R H R U X I B Y I M T V L R
A O D O N N A U M Q I R S A S
N L X I U B F D S R R Q Z T H
T O E Q C Z U U W J K Z A R A
E G V U H S R D B R A S B V N
R E X A S M N Z R H G K E K A
S R M A N A A W S R O K D Y N
V S I J H G C L C N L L N Q I
C A P T I V E L L A D H E L A
H O R N S B O L A B Z J G C H
G R A C I O U S Y G E L O V F
```

ABEDNEGO	CLAY	FURNACE
ANGEL	COMPASSION	GOLD
ASTROLOGERS	DARIUS	GRACIOUS
BABYLON	DREAMS	HANANIAH
BELSHAZZAR	ENCHANTERS	HANDWRITING
CAPTIVE	EUNUCHS	HORNS

11. GOD'S FAVOR II

```
B S D T A P V C C Z L A H G Q
B W L F U S O G R E K V M D K
U E U G E O F S K T T P H R N
K X A L C R P E S U O C P E W
N W I P S C T M X E A J O V A
M S M R H E U B Y H S C W E L
J B M O A R K C S S T S E A L
U O A V D E N E C O T C R L W
D W G I R R M V I H L E G E N
G J I N A S M R I M S N R D O
M C C C G T I W S Q M M Y B
E F I E H A V J S S I O N Q L
N T A C P R O M I S E O I Z E
T U N L A N G U A G E G N Q F
U J S L I O N S D E N Q K Y R
```

JUDGMENT	NOBLE	REVEALED
LANGUAGE	PATRIOT	SHADRACH
LIONS' DEN	POSSESS	SORCERERS
MAGICIANS	POWER	TEKEL
MESHACH	PROMISE	VISION
MYSTERY	PROVINCE	WALL

12. GIFTS FROM GOD I

```
C O R I N T H I A N S P A H B
G E A U T H O R I T Y S D T R
R X T A J J A N G F W E C E Y
Z E E E N E H B B L N T T G H
D H A C R L S X R I Q R W M I
R B X D A N G U R A O B C K B
Y G L B Z E A T S F H J S G E
C W U E M J C L M C I A N B L
B R I S S O O O L O H Q M O I
F M O N D S C H D I U R V K E
A P O S T L E S N G F H I P V
I U M M S W X D P J R E O S E
T H O L Y S P I R I T A U P T
H E A L I N G O V R B J C N E
E V A N G E L I S T Z B T E P
```

ABRAHAM
APOSTLES
AUTHORITY
BELIEVE
BLESSED
COMFORTER

CORINTHIANS
CROSS
DOCTRINE
ETERNAL LIFE
EVANGELIST
FAITH

GRACE
HEALING
HOLY SPIRIT
HOPE
JESUS CHRIST
JOHN

13. GIFTS FROM GOD II

```
A R E V E L A T I O N J V T S
B T H I Y P A U L M O S E S H
S H E P H E R D A D W B E V A
P M O I P E A C E Y P N S T R
R A I T S S F V P L S S C E I
M L S N R A K S V U N A X A S
A T P T I N T N O B N D K C E
T D O F O S Y E O P I R W H N
T G J U G R T L O W A G R E T
H T R O O H S E U M L C F R N
E I E T G M A Q R K N E Z S E
W B C I D L E L X S E B D A E
Z I R L O V E R S W M T N G A
V M H J G K A C C A X J F C E
U K K F N N Q G L Y S C L V O
```

KNOWLEDGE	MERCY	REVELATION
LAMB	MINISTERS	RIGHTEOUSNESS
LOVE	MOSES	RISEN
LUKE	PASTORS	SHEPHERD
MARK	PAUL	TEACHERS
MATTHEW	PEACE	VICTORY

14. FROM THE MOUTH OF GOD I

```
D E L I V E R A N C E W H J G
B S R B Q U C N O M A W G Z O
E Z E K I E L E B H N T U I B
I A F G A B F P P J F A A B Q
G C W H A Y L L U T G X Y N
L R O I O R A E K P Q B L E F
O E M V X L D G M I Z H R R H
R O U M E T Y E E T W D U A H
Y E N A T N L G N N L Q I S O
U Z R R Q A A K H I E A I M L
R S A F S W S N H O S S C Y I
I E F U G V R C T I S B I M N
H F R U I T F U L D Y T H S E
I E X H J T B R C H R I S T S
J C O M E T O P A S S O Q E S
```

ALPHA	DELIVERANCE	HEART
BIBLE	EZEKIEL	HOLINESS
CHILDREN	FRUITFUL	HOLY GHOST
CHRIST	GARDEN	ISAIAH
COME TO PASS	GENESIS	ISRAEL
COVENANT	GLORY	JERUSALEM

15. FROM THE MOUTH OF GOD II

```
T P R E P E N T A N C E I E T
H R O Y R Z M P V S O Y P G A
U O F C A H I C Q E C O U M M
N V G U U F N F D R H D N U I
D E L C R G I A E V S G I V G
E R V Y N X S M U I A H S T H
R B E I B A T V C C I P H E T
E S V L T S R Y A E N J M S Y
D I O O R A Y T W O T C E T V
G X V E G J X W R T S T N I O
K P T E I L D D W U U P T M I
F A M H L X O E O T M C R O C
W O F R U I T V A C N P S N E
J S R D F K T T E B L V E Y M
O J S H C F S Y Q P Q M H T S
```

FRUIT   MINISTRY   SERVICE
GIVING   OMEGA   STATUTES
HOPE   PROVERBS   TESTIMONY
LOVE   PUNISHMENT   THUNDERED
MERCY   REPENTANCE   TRUMPET
MIGHTY VOICE   SAINTS   WATERS

16. WHAT'S IN A NAME?

```
R R X R X Z A C C H A E U S K
A E C I O Y D E G M Y W S S A
Y N L A S Q K S A P P H I R A
A E L Q I N V U M H V M S H R
F D R U S I L L A Z H N T C U
E B A G K C S G L P I R A K T
R W J B K O O S I L A S L P H
Q G Q Y P D O O E M M W E H C
S T E P H E N H L B E Z X O T
M C J K T M J S A J P V A E A
Z Z W D F U S A K G F I N B B
J J L Q K S A R Q W A U D E I
R M A T T H I A S F E R E Y T
T M R A H A B H E L D B R D H
L A Z A R U S W U O Z U D I A
```

ALEXANDER	MARTHA	SAPPHIRA
DRUSILLA	MATTHIAS	SARAH
FELIX	NICODEMUS	SILAS
GAMALIEL	PHOEBE	STEPHEN
HAGAR	RAHAB	TABITHA
LAZARUS	RUTH	ZACCHAEUS

17. HEADED FOR THE PROMISED LAND

```
B X S R I X Q N B L D Y S M S
O L Q O A P M G T V H K W Z J
O O E S Y A A Z K I C S D X O
O M T S W F R S Q O W O J W U
M B N H S M M O R Y O U Q L R
M U J E W E T U N L R X I B N
A R H B G W D S B T D A U F E
N E V Y L A Y P B Q U K Y K Y
N D P L A G U E S Q N Q D N X
A S A F W E A G V D W U E B J
I E M C L Q N Y O V O H O V H
C A J T I U K P Z L S S W L K
T G T U C S Z T C O D L W S R
W A N D E R I N G F I R E P T
C H O S E N Z M O U N T A I N
```

AARON	EGYPT	MOUNTAIN
BLESSED	FIRE	PLAGUES
BLOOD	GOLD	QUAIL
CATTLE	GOSHEN	RED SEA
CHOSEN	JOURNEY	ROCK
CLOUD	MANNA	WANDERING

18. WEIGHTS AND MEASURES I

```
Y L S D L B F A R T H I N G R
G W L B B N A C H A H I S G Z
Q O V B L O H L H O M E R V N
G E K A D P W A A D X U A W G
B H G R H A K S S N U F N F P
R A W L G E Y R H Q C J H U G
Y N O E B X T S F O R E X R E
J D E Y U C C L J V T F K L R
T B I C O H H V G O F T J O A
B R T Q T A B U B T U L H N H
W E A V H N M R I D N R O G W
F A Y P K G B B O J Y A N U A
U D E O B E U C G N T U Z E R
L T Z N N C P W Y Y Z E U N Y
L H S P K D S E M E T E C B Y
```

BALANCE	CUBIT	FULL
BARLEY	DAY'S JOURNEY	FURLONG
BEKAH	EPHAH	GERAH
BEYOND	EXCHANGE	GOLD
BOWSHOT	FARTHING	HANDBREADTH
BRONZE	FLOUR	HOMER

19. WEIGHTS AND MEASURES II

```
W H E A T N I G Q D W L X D L
R C O L H E Q O U T C R Y F P
U L Q L L R O O T C W G V A O
Q B S I I N O M I V J D L B S
W S M X Y V Z A E C I S E Q Y
L Y O M E R E R Z T B R N L D
R C P I T C H E R C A O G Y P
H N S X Z A L E P X X L T B V
U E P U H E L D O U K Y H V O
V P X T K P R E U L S F E H L
R D I E Z S C M N X E D V C U
G W H S T O N E D T A J Q S M
C S U W T Y I L Y R J R G P E
D Q D N W A V E T S I L V E R
O F F E R I N G Y C H H V B L
```

LENGTH	OUTCRY	STONE
METAL	PITCHER	TALENT
MILE	POUND	TRADE
OFFERING	REED	VOLUME
OLIVE	SHEKEL	WAVE
OMER	SILVER	WHEAT

20. A VIRTUOUS WOMAN I

```
D I G N I T Y T J U Z X G S X
U P C F A I T H F U L J Z M C
N X N L C O V Y Z L S C A Y H
O F O P O E Z V Z U I Z M M I
G O J M K T X G O X H N J R L
B E A U T Y H I G O O D E Z D
T E E M S T R E E S R K Q N R
H A F U D T J D D F A Z F B E
H R J G S R I Q Q M H H Q L N
F N W U E L T C E Q P J V E C
A I D F A B V M E U I H U S I
M N V S G M O K I N D N E S S
I G T C E H U S B A N D F E A
L S M E R C H A N T Z L C D K
Y N N M N B H O U S E H O L D
```

BEAUTY	EARNINGS	HUSBAND
BLESSED	FAITHFUL	INDUSTRIOUS
CHILDREN	FAMILY	JUSTICE
CLOTHED	GOOD	KINDNESS
DIGNITY	HOMEMAKER	LINEN
EAGER	HOUSEHOLD	MERCHANT

21. A VIRTUOUS WOMAN II

```
R I G H T E O U S R H H W K L
D X D T H H O V I N E Y A R D
R P Q K W Q Q T M T M U G I F
P R I N C E S O D H T G W Z B
R S S P Q L D E D O A L W V T
O T R P B S S Y X K P E O I V
V R T T I I Z S W L E U R G I
I E P W A B S H C R S N K O R
D N Z R L S P A K A T O S R T
E G P E E H I S S K R B L O U
S T V I A M N P N H Y L B U O
D H B Q W M D E I M E E E S U
H U L T K R L A Z S V S A T S
R X A V Z U E K W A T C H E S
T V D R S B Y S K Y V Z O M E
```

NOBLE	SASHES	VIGOROUS
PRAISED	SCARLET	VINEYARD
PRINCES	SPEAKS	VIRTUOUS
PROVIDES	SPINDLE	WATCHES
RIGHTEOUS	STRENGTH	WISDOM
RUBIES	TAPESTRY	WORKS

22. GOD'S PROMISES

```
C O M M A N D E D C I O C O S
Q O Z R E M A I N K D F I F N
D C O J T V P F P I W N Q F L
W J A X E N J F G I V E N S J
X A B N R F C H A A E J U P L
P C H J N A Y S P I R I T R D
R H E W A O S N E B T S C I B
E R P N L L T S I R I H H N U
C I V H L X G L U E C C F G Z
I S M A I F M F I R R O P U B
O T I M F L A I T E E Z K V L
U F L X E H A V G R S D D E A
S C L E A N S E O H U K G F M
S A T I S F I E D R T E A X E
D E S C E N D A N T S Y D K N
```

AMEN	DESCENDANTS	OFFSPRING
ASSURED	ETERNAL LIFE	PRECIOUS
CANNOT LIE	FAITHFUL	REMAIN
CHRIST	FAVOR	SATISFIED
CLEANSE	GIVEN	SPIRIT
COMMANDED	MIGHTY	TRUE

23. GALATIANS I

```
G I C N D M L B C R S U E H V
E J B T S C K R P O Q M K M Z
N M I F R I O O Y O E K C X W
T S F A U R V T B J A M E S I
L D F I P C H H A F E Z J F K
E W D T D U F E P K V B V O O
N T C H H M R R O O W A U O O
E G G W Y C U Z S R F P C L G
S J Y G X I I F T I A T H I L
S S U O S S T B L K L I R S O
W W F S E I S C E A L Z I H R
N P O P X O G R A C E E S M Y
Y R W E U N X U Z W N D T V G
C A F L E S H F G T V Z N U B
I D O L A T R Y Y D C E C X I
```

APOSTLE	ENVY	GENTLENESS
BAPTIZED	FAITH	GLORY
BROTHER	FALLEN	GOSPEL
CHRIST	FLESH	GRACE
CIRCUMCISION	FOOLISH	IDOLATRY
CROSS	FRUITS	JAMES

24. GALATIANS II

```
W I T C H C R A F T K M E W O
M I S S I O N A R Y F C R Z T
Z Q N P S R A N T I O C H Q H
W D W E D J O U R N E Y A W E
P T W R A V U M Z M X P A L O
L R J S U J Q D A U I P A U L
Y C E U T S V X G N W J K S O
S J L A C R M B F M H A R X G
T Y M D C P I K Q K E E N U Y
R Z B E V H S F Z D Z N K Y B
A L K D M P G M E I E K T C Y
P A T I E N C E A K F R J P D
I C O N I U M D B D N D B U Y
J E S U S E U G M V V S L E C
J E L L E J A S I A M I N O R
```

ANTIOCH	JUDAIZERS	PERSUADED
ASIA MINOR	JUDGMENT	PREACH
DERBE	LYSTRA	ROMAN
ICONIUM	MISSIONARY	STRIFE
JESUS	PATIENCE	THEOLOGY
JOURNEY	PAUL	WITCHCRAFT

25. NAMES OF GOD

```
T H E C H R I S T V C G J H Z
V L L B Y B E L O V E D E P Q
H Y I G L D Z F A I P M L K D
I I N V O N N Q A O L F O L T
G V K J I O A D J P Q Y H P H
H L S I Y N D A D O N A I H E
P G O L N A G S S T A H M O R
R B E R H G C W H R K W P L O
I L U S D M O Z A E T E E Y C
E T L A K O X F A T P H E S K
S E B N D W F H K T E H N P A
T B O Q A F D H R I F R E I Y
A C R E A T O R O U N M T R Q
L A M B O F G O D S W G S I D
S O N O F D A V I D T Y S T T
```

ABBA	EL SHADDAI	LIVING WATER
ADONAI	GOOD SHEPHERD	LORD OF HOST
BELOVED	HIGH PRIEST	SON OF DAVID
CREATOR	HOLY SPIRIT	THE CHRIST
EL ELYON	KING OF KINGS	THE ROCK
ELOHIM	LAMB OF GOD	YAHWEH

26. OLD TESTAMENT MEN

```
R E K Z R O U J X V S Q K M G
R E A Z D C E R X U B N G A S
T P L H M F O F Z R U B S L F
Z I Z I P W N M X K T O N A D
Q I G G U Y H K X J C A L C N
W P S I A D J G W C J Z E H H
A H D H P Z R L S T P H L I O
B Q E J M C Y C A I N D I D S
R J Z I B A Q K W C X W S A E
A J E S S J E R E M I A H N A
H M K A D J J L E A V D A I K
A K I A V F U A G U E A K E T
M I E C O L D G Z T R M A L V
G W L E M W A O L O M O S E S
D A V I D H S K Z F R L B R E
```

ABRAHAM	DAVID	ISAAC
ADAM	ELISHA	ISHMAEL
AZOR	ELIUD	JEREMIAH
BOAZ	EZEKIEL	JUDAS
CAIN	HAGGAI	MALACHI
DANIEL	HOSEA	MOSES

27. AFTER *O*, BEFORE Q

```
I  M  U  L  H  P  A  T  I  E  N  C  E  P  D
P  E  T  I  T  I  O  N  E  D  S  B  H  L  T
P  H  Y  V  Y  D  S  L  O  P  O  F  U  J  A
L  E  S  P  H  Z  P  P  P  P  A  A  Y  W  P
C  P  R  Z  R  O  G  P  M  A  P  S  L  S  E
M  E  I  F  E  J  P  E  T  R  E  H  T  C  I
R  R  D  P  O  N  L  R  K  A  B  B  A  O  F
J  S  J  C  G  R  D  C  D  D  E  E  V  H  R
P  U  B  F  W  A  M  E  B  I  P  A  T  H  A
E  A  C  L  N  U  T  I  D  S  E  P  K  I  Q
R  D  Z  V  V  R  J  V  U  E  A  U  A  Y  K
I  E  Q  G  A  N  Z  E  J  K  R  C  V  S  F
S  R  Q  P  O  R  M  L  P  A  L  M  L  J  S
H  P  B  O  R  Y  P  R  A  I  S  E  I  J  H
P  E  N  T  E  C  O  S  T  O  Y  H  Y  X  Y
```

PALM	PATIENCE	PERCEIVE
PARADISE	PAUL	PERFORM
PARTED	PEACE	PERISH
PASS	PEARLS	PERSUADE
PASTOR	PENTECOST	PETITION
PATH	PEOPLE	PRAISE

28. NEW TESTAMENT MEN

```
Z Q T U W J B U U H Z Z J M A
P A U P E T E R W H U R E N U
I G C N Q X H S B R L I M D G
L Q F H R W T C U G E A U U
A I S C A R I O T S K T R F S
T L Q R C R P X V O E G K X T
E F X M Z N I C O D E M U S U
F E N N B S E A M B V M O U S
Y L B V A H I C S L X C O P M
C I X D S D H A M V S Y B A R
F X U E Z C I E S I L A S U H
G J M K A R M S R P G X K L J
B A L C Z K N A P O L L O S O
J B A I B W U R Q V D H X M H
B Q S C U F Z M J S M G V D N
```

APOLLOS	JAMES	NICODEMUS
AUGUSTUS	JESUS	PAUL
CAESAR	JOHN	PETER
FELIX	JUDAS	PILATE
HEROD	LUKE	SILAS
ISCARIOT	MARK	ZACHARIAS

29. MALE AUTHORS

```
M A S U N D A Y G S O O Y S L
S O F R D E U M O R N I I F U
W D R P E V L V X D A W Z F C
A T C R O B R Y T U E H M G A
G Q S W I N D O L L T T A S D
G T H R L S O L I R H B R M O
A Q X B D L E S O A R E S U B
R Q E O O W T W I X B N J E N
T I F P O I S M Q M A S W N W
D P M D Q E E V A V O Z I J R
M A C G L R W H E N T H B K I
C M W G E S C L S M I T H A G
U P G J R B I C B E Z S B C H
R I B H U E H W E B S H K U T
W A N D E R S O N I P R S M A
```

ANDERSON	JEREMIAH	SUNDAY
CHAMBERS	LEWIS	SWAGGART
CAMPOLO	LUCADO	SWINDOLL
EVANS	MCDOWELL	WIERSBE
GRAHAM	MORRIS	WIGGLESWORTH
HINN	SMITH	WRIGHT

30. FIVE-LETTER WORDS I

```
B L I N D A L O E S V L V N H
R Q I N C M I Q G E D K J N F
E T X G M O S E S T X P A L T
L P Q Z H S N K N T N E Q F U
Y L D U N T U S M T L F P B B
R C R R A B B I O W E Z Y J A
M D A I V Z K S I I A R W E L
Z B V A F R M Y I G E R F S A
A N E H E J Z J E M O X C U K
S J V P Q S R M Z V O Y H S T
K S I H M H O N O R Q N I O W
K V B L Q V B N J N S K L A P
N U Q C Q Y T P R L K E D A R
L I X Z K Y N W K T S L O A I
T G V I Q T R U T H V K K E O
```

ALOES	ENTER	MOSES	TUBAL
BARNS	HONOR	OMEGA	URIAH
BLIND	JESUS	RABBI	VIPER
CHILD	KEDAR	SIMON	
DRAVE	LIGHT	TRUTH	

31. FIVE-LETTER WORDS II

```
I  T  L  A  J  E  S  U  S  O  M  Q  F  D  M
A  Z  Y  S  W  B  Y  C  E  I  Y  I  I  X  H
S  O  D  W  U  U  E  F  J  M  G  L  Z  Q  Z
L  T  I  W  E  U  A  G  S  M  G  F  D  R  B
F  L  A  B  A  N  D  D  A  O  Z  I  T  E  R
F  Z  T  Y  P  Q  I  T  J  T  V  R  X  Z  E
L  L  M  D  G  J  E  K  R  A  X  S  A  I  A
V  M  B  X  R  I  L  E  D  A  E  T  M  N  X
D  V  L  E  R  B  M  U  E  P  L  E  N  S  J
S  A  M  E  H  O  O  R  S  A  R  A  I  N  M
G  M  F  G  H  Y  A  P  A  C  M  P  X  M  P
I  F  U  U  X  C  S  D  U  L  G  V  L  J  F
O  R  W  F  A  I  T  H  F  L  E  E  T  J  F
H  Z  H  S  X  I  N  D  I  A  V  T  V  O  O
P  H  H  X  V  M  U  D  V  F  X  I  H  E  V
```

ADIEL	FLEET	JOGLI	REZIN
BEGAT	HOMER	LABAN	SACAR
DAVID	IMMER	LYDIA	SARAI
FAITH	INDIA	MANNA	
FIRST	JESUS	OFFER	

32. SIX-LETTER WORDS

```
F O B U R N E D X T O H V H N
A Q F P H W X O S U P U P U I
T C P F D A N I E L W Z X S M
H R O K E T T L E V T Z P H R
E X P R V N O I U K E I R A O
R T X E B G D F F A J A A I D
I P S R E A P E R D P H I S H
S M K Z H N N C W B T O S P E
O B P S P R E Z K I A U E R K
V L I U R E F C H V M L M I I
N L D D T A Z U K U G E Z N U
E G A B M E L O D Y U M Z G T
H P X I L L P P A S O U R S J
N U M K X B E U L R W E P S U
Y X V I A Z I L L A H L M N Q
```

BURNED	HUSHAI	MELODY	SPRING
CORBAN	IMPUTE	NIMROD	UZZIAH
DANIEL	KETTLE	OFFEND	ZILLAH
ELISHA	LEMUEL	PRAISE	
FATHER	LUHITH	REAPER	

33. ABRAHAM'S PROGENY

```
G W E V F D I F V L R C A A Z
V M O E P H R A I M N Y A S I
T K H I K W S I H O M P C S F
B X K W H C R H A Q A E N H L
Z T A E U E T I N W R R N U D
C M H K T O I A O T W E U R S
H I F O J U H F C B H Z B I G
D O S A G S R Z H A X M I M S
W N B H K P X A C A R M I T H
D E M O N Z Z S H E L A H R A
N N J A K Z I X S E K A O A M
K G D L I W A M E S H U A H M
L E U M M I M T R S X K H X A
M W F G K Y W D I A A G Z C H
F I C I S H M A E L N U S O R
```

ASSHURIM	ISHMAEL	NEBAJOTH
CARMI	JOKSHAN	PEREZ
EPHRAIM	KETURAH	SHAMMAH
ESAU	LEUMMIM	SHELAH
HANOCH	MEDAN	SHUAH
ISCAH	MIZZAH	ZIMRAN

34. CHRISTIAN VIRTUES

```
D I L I G E N C E L Q E R F C
V K Q R I K K O Z T G X Y D M
H C V I B O V Y H A U Z R O B
T O I G G X U T R U D L D P I
Y N N H V O I U V F M S I L K
G T T T D A O E X N I H D M E
O E E E F C E Z O W S O C Z J
D N G O R P V I E D P E A C E
L T R U S T T E R A H M Y Q T
I M I S P U K A T A L L Q L T
N E T A L F W F R U I T F U L
E N Y O G E P Z S X T H O L Y
S T S S T D U S B Z M D V O D
S E V S S A J U S T I C E V D
R P E R S E V E R A N C E E E
```

CONTENTMENT	HOLY	RESOLUTION
COURAGE	INTEGRITY	RIGHTEOUS
DILIGENCE	JUSTICE	STEWARDSHIP
FAITH	LOVE	TRUST
FRUITFUL	PEACE	WISDOM
GODLINESS	PERSEVERANCE	ZEAL

35. INSPIRED BY GOD

```
P Q L D T X Z O N O B L E S A
U P T M C A B V O L U M E S R
M G E A E L I J A H C N Q A T
I W C N M L Y C E S C L A Y A
C L L A Y C Q Q T H J Z Z E X
E U Y S Y L Q Q U I L L P G E
G M C S S I D R E N R J C Y R
E H E E I O S D U U J N Z Y X
Q E L H T A S D M W F H F O E
A G L I U J S T A Q L O Q R S
P H S E N N A C H E R I B O J
A I K D O E X A Q E D Y C M A
P P E Y Q S N O V R N A C A M
E E A S C R O L L S C E J N E
R C O R I N T H I A N S S S S
```

ARTAXERXES	LYSIAS	REED
CLAY	MANASSEH	ROMANS
CORINTHIANS	NOBLES	SCROLLS
ELIJAH	PAPER	SENNACHERIB
JAMES	PUMICE	SOSTHENES
LINEN	QUILL	VOLUMES

36. IN CHAINS

```
J E R E M I A H X P Z M T N S
T Z U G C A Z A R I A H O N I
P C C A C E S T H E R S I F L
O L N F Y U H A D B M H N Z A
B V B W N P I O V A C P T V S
E C I J E A H C S A R R X Y S
M Q T S C Z X T I B X I B Z Z
A K O I P S M O O C Z S T E P
N J M A E I H C P V Q O I D A
A Q B L J E A G N D A N I E L
S K I I J J S T E P H E N K T
S X R D G W B Y H V D R A I E
E I K B J V H A G A R S W A G
H E R G P H A G Z G L S S H L
M O R D E C A I H B F A I F P
```

AZARIAH

BIGVAI

DANIEL

ESTHER

EXILES

HAGAR

JACOB

JEHOIACHIN

JEREMIAH

JOSEPH

MANASSEH

MICAIAH

MORDECAI

PRISONERS

SAMSON

SILAS

STEPHEN

ZEDEKIAH

37. CITIES OF JUDAH

```
Z F O Q F O U S H E M A L R X
I B T H S B E C D K S O K J D
K I M R U Z L A H A B S A S I
L Z P I J J L A Y L W B B S M
A I T U M O N D J Z P C Z G O
G O O M T N E Y A I U V E S N
E T K L A O D L G P T O E H A
X H E M N B L I U H I Q L I H
W I D A Q I E R R F P A B L W
B A A L A H B K E D E S H H G
M H M B G L A L F Q R V A I T
O R I K F U O X S E F O Z M E
Y Q E U A P T L D S J S O V L
B E A L O T H E F V J Y R S E
U M R E A D A D A H T M B P M
```

ADADAH	ELTOLAD	MADMANNAH
BAALAH	HAZOR	SHEMA
BEALOTH	JAGUR	SHILHIM
BIZIOTHIAH	KABZEEL	TELEM
DIMONAH	KEDESH	ZIKLAG
EDER	LEBAOTH	ZIPH

38. NAOMI AND RUTH

```
M Q K Q E H Y X P R D Z B X Y
Y J U W L P O I E F A M I N E
Q Q E J I N F F V M X M W Z G
Y D L O M K I T M S U N Y C L
L Y R F E W Q N E A X U H I E
N L X M L T N V A Q K R Q O A
T S M W E H A F L M R S C O N
W H O Q C E Z C T N O E R O E
O U A J H A G S I P R C L C D
S S B S O A G Z M A P H Y H R
O B Q H T U W H E N A O M I Y
N A V N N N R P J M H L H L C
S N I P I M K N D M A R A I X
O D C K G R Y D V P M Y G O D
C O N C E P T I O N E K B N W
```

CHILION	MAHLON	NURSE
CONCEPTION	MARA	ORPAH
ELIMELECH	MEALTIME	SHEAVES
FAMINE	MOAB	SOJOURN
GLEANED	MY GOD	TWO SONS
HUSBAND	NAOMI	WIFE

39. LEVITE CITIES

```
Z N A H A A Q L H M O N Z K G
G R V A K L K A E K O N T E O
C M B X K W E Y N L O Z L D L
E E K V A W D M O A T L W E A
G T O Y R B C H E R T E Z S N
J A M H T R V N A T I H K H K
O N I I A H F R X X H M O E H
K A M Y N A H A L A L L M T H
N C A O G H H E R C A R O O H
E H S Y D T H E S H B O N R N
A B V N U O Q V S F N O G N N
M C J M R O E A Y L N N E A I
I A R Q K J M W M M S S Z P O
J A H Z A H O F Y P I L E G G
J A W L H B E E S H T E R A H
```

ALEMETH	GOLAN	KARTAN
ANATHOTH	HESHBON	KEDESH
BEESHTERAH	HOLON	MASHAL
ELTEKEH	JAHZAH	NAHALAL
GEBA	JARMUTH	RIMMON
GEZER	JOKNEAM	TANACH

40. SINNERS AND VICTIMS

```
T  J  E  Z  E  B  E  L  H  U  B  H  W  K  B
R  A  B  S  I  K  Y  V  M  A  V  F  S  M  C
S  E  M  G  L  K  F  A  R  M  H  S  M  U  M
A  B  S  A  L  O  M  W  H  A  E  H  A  R  M
W  Y  K  D  R  A  T  N  R  R  H  A  O  E  A
S  J  B  E  R  T  B  J  T  O  X  A  F  B  R
C  U  O  V  E  S  L  S  T  R  N  J  B  A  M
V  W  C  T  U  T  I  O  E  T  A  G  A  T  B
B  L  M  U  B  D  K  L  R  Q  Q  G  L  H  X
U  R  F  S  E  M  B  U  D  U  E  V  A  S  E
G  T  Q  S  N  U  H  K  P  S  B  D  A  H  G
O  H  E  R  O  D  I  A  S  J  U  Q  M  E  R
M  P  E  R  G  A  M  O  S  N  N  S  H  B  I
E  A  T  U  C  C  C  O  Z  B  I  L  G  A  E
R  T  G  E  S  H  E  C  H  E  M  L  K  X  F
```

ABSALOM	GRIEF	RAHAB
BALAAM	HARM	REUBEN
BATHSHEBA	HERODIAS	SHECHEM
COZBI	HURT	TAMAR
DISTRESS	JEZEBEL	TROUBLE
GOMER	PERGAMOS	WRONG

41. PAUL'S JOURNEYS

```
S W A F B V J D K B D N U P V
W M N D V S U Z A Q G E K A W
C W Y R U R H O D E S A Z N W
T A M R K J S Q S Y A P Z L X
M M P R N U A S A C N O K F G
A Y F C S A O W C K T L Y T S
C W X R Z L N K J H I I A X G
E R A C O A I Z I L O S S U S
D T B C I W S P P Y C O I Y A
O C J P F N P W A S H D A K L
N P P A S I C A T T P E R G A
I A G A L A T I A R G N H B M
A H Q I F R D J R A O H H M I
X F H W K F P S A K C A J Y S
F P T O L E M A I S C I S H B
```

ANTIOCH	LYSTRA	PTOLEMAIS
APPIAN WAY	MACEDONIA	RHODES
ASIA	NEAPOLIS	SALAMIS
COLOSSE	PATARA	SMYRNA
CYPRUS	PERGA	TARSUS
GALATIA	PHILIPPI	TROAS

42. GOD IS . . .

```
W C E D A R M Z K G I L F E L
O T L K C Q E P I T N Y G X R
N N K D O U S F M I W N Q C F
D O G R A C I O U S V Y H E A
E D I V I N E U L G U M G L I
R X D B Y J G U D K E N W L T
F W Q D I K F I E U I B T E H
U Z P C E I D O O Z L E R N F
L E A N C N I Y A G I K U T U
O P R R E G D M Y M G N E H L
G G E L D D A O K H H T G L S
R M P I I B J A Q Z T O G J L
E S M A R V E L O U S V L K O
A E N D U R I N G N O M G Y V
T P X Z Y I N C R E D I B L E
```

AMAZING	GREAT	MARVELOUS
DIVINE	HOLY	MERCIFUL
ENDURING	INCREDIBLE	REFUGE
EXCELLENT	KING	SPLENDID
FAITHFUL	LIGHT	TRUE
GRACIOUS	LOVE	WONDERFUL

43. PEOPLE, PLACES, AND THINGS

```
O C L H D Y C F B E D C W C J
T L A W P T G N L J C T E F T
H O F G E U W S E R P E N T O
N A K M I X R Q Z P Q N O Q Z
I K Q A J L I Y D R Q T C B Y
E P D C D H E R E S A J H R O
L W I H Y V C A B G W R T E G
L J B P V E M Z D D Q N L B R
G Y M E R C Y S E A T U A E A
E F W L Z X W H D U P X L K I
I G K A I F C P C N B H T A N
R T Y H L E A H E A T U A H Q
L C S P M S R V W U F O R X R
W A I A T L A V R Z K P V T J
N O L A E R J A M E S K C E C
```

ALTAR	JAMES	OTHNIEL
CLOAK	LAMECH	RAVEN
EGYPT	LEAH	REBEKAH
ENOCH	MACHPELAH	RUTH
GILEAD	MERCY SEAT	SERPENT
GRAIN	NOAH	TENT

44. BIBLICAL CHARACTERS

```
I H A B A K K U K D H C R H L
F S C V S X E K E B H O S E A
O B A D I A H L Y L S I I Y O
I N F I H L N G N M M K L Q U
S K V Q A S M H E E E B W I P
R S P L B H A F H Z D U A C M
Q J A I R O G S E U P E A I A
Z V M S N J D B M Z X V V V L
N A H U M J A U I F J K V U A
J J A D H I C P A R J P G O C
J A G A T D P I H E T H A N H
Z E C H A R I A H E J M W W I
S O L O M O N V S Z T I S M G
L C C A B D O N B T G H Q F M
H X S N V E C U I J O S H U A
```

ABDON	JACOB	NEHEMIAH
ETHAN	JAIR	NOAH
EZEKIEL	JAPHETH	OBADIAH
HABAKKUK	JOSHUA	SHEM
HOSEA	MALACHI	SOLOMON
ISAIAH	NAHUM	ZECHARIAH

45. JESUS IS . . . I

```
D C F O D Q E T H O L Y O N E
A O I A B R E A D O F L I F E
Y R R L G O D W H O S E E S A
S N S M L A B E R X Z F W M G
P E T I I B D X T J W Z M G D
R R A G V S D O U T H Y B T M
I S N H I L L M N K I N G I A
N T D T N O J B L A I F H I D
G O L Y G R T C R A I O A H V
S N A N W D R I R A L S Y L O
V E S B A O Z A J E N R C H C
A I T Z T F X G G V A C U S A
O E I I E A J I R E H T H H T
T X S E R L A M B O F G O D E
J E S U S L B O P T E L S R D
```

ADONAI	CREATOR	JESUS
ADVOCATE	DAYSPRING	JIREH
ALMIGHTY	ELOHIM	KING
BRANCH	FIRST AND LAST	LAMB OF GOD
BREAD OF LIFE	GOD WHO SEES	LIVING WATER
CORNERSTONE	HOLY ONE	LORD OF ALL

46. JESUS IS . . . II

```
S O N O F G O D G Z B H T Z W
I M A Q Z T Y D U Q Z J H Q O
C R N T R H V B W K H A P R N
F A L H H E B X K X I F O T D
O P M J D J T X S S O T B D E
T H W A L U A R S H A L O M R
H A G A S S R E U I A W U R F
E U H T H T M V D E E M S D U
L P K J E O E E H N L B M E L
I S Z C L N M R E G H I G A J
F A F H T E C R Y B L U G L H
E V Y K E Z A R C S F H X H R
C I C D R Z R E D E E M E R T
G O O K A E V B R Y D I S R U
R R R N X U J Q K P R I N C E
```

MASTER	REDEEMER	SHELTER
MEDIATOR	REFUGE	SON OF GOD
MESSIAH	ROCK	THE JUST ONE
NAZARENE	SAVIOR	THE LIFE
PRINCE	SHALOM	TRUE LIGHT
RAPHA	SHAMMAH	WONDERFUL

47. JOBS AND TITLES

```
I N N K E E P E R B S E Y P T
B U T L E R A C J R G R H E B
K H C K E L D U E D D J H D Q
F Y O G U U A I U N N P U T W
I Y M R X X D J A A O L V E O
S C M H N L I B D R E U R G N
H K A G O X S D P R S E S A R
E J N S E U R S E J T C C E Y
R A D H H G G J T M I T Q V
M I E P O N N C O Y L S S B A
A L R K I E O P V B I J I A U
N E H K S A P O U N G Y P K U
I R G S X X Z P I H I T Q E H
S T E W A R D M H U N T E R E
Y M A R M O R B E A R E R B N
```

ARMOR BEARER	HUSBANDRY	MINISTER
BAKER	INNKEEPER	POTTER
BUTLER	JAILER	PROPHET
COMMANDER	JUDGE	PUBLICAN
FISHERMAN	KINGS	SOLDIERS
HUNTER	MESSENGER	STEWARD

48. THE LORD IS MY . . .

```
S O K T G D F B I R Q A R Y F
F H T Q R O S B E A Y O R R A
O F I A R K M L I A I O R X T
R D W E R I K X V V T V O W H
T E Z R L C S D A C H U C R E
R B T D U D H S I B B V K C R
E K C B P B S V L M A S T E R
S T R O N G T O W E R C T N A
S T R E N G T H H S J U D G E
S H E P H E R D Q B Y T U C G
Y Q V M V L S U S T A I N E R
P R O P I T I A T I O N H L D
T R W H U U V G X D U P X L Z
X J N O S Z T L H E A L E R S
E R M C E V E R Y T H I N G H
```

BUCKLER	LIGHT	SHEPHERD
EVERYTHING	MASTER	SHIELD
FATHER	PROPITIATION	STRENGTH
FORTRESS	REWARD	STRONG TOWER
HEALER	ROCK	SUSTAINER
JUDGE	SAVIOR	VICTORY

49. CALLED BY GOD

```
P Z T I M J A C O B J L Z G I
H G S S T S M W B N W O A U G
A B C A X R F U M H P T M H D
R A K I J E R E M I A H O E I
I R B A P H I L I P U K S R S
S T K H I C Z P E L L U E O C
E I V Y Z G F N E H V M S D I
E M R Z O P O U A T K F S I P
S A Q Q I R M I A U E B I A L
M E L I J A H H S C T R U N E
G U V G S Z T N N K S S L S S
X S T M Z R A H K W N P B S K
V R V I A M V G F J O S H U A
C K K M N M Q A B R A H A M M
L B W E F V E Y S A H O A U Y
```

ABRAHAM	JACOB	NOAH
BARTIMAEUS	JEREMIAH	PAUL
DISCIPLES	JOSHUA	PETER
ELIJAH	MARTHA	PHARISEES
HERODIANS	MARY	PHILIP
ISAIAH	MOSES	SAMUEL

50. WHO AND WHAT

```
B C H I L D R E N X T A D W K
V R N Y H W C G S M X L G E Z
Y S A J U E A A T F O J B A E
V E Y C D A K T T G I D V R T
B R T O E B J V E T F C V R V
O P H J E L E O K R L W A I P
A E G C P P E A A X S E A N K
V N J T S F S T S N H J K G I
A T G I J P M Q S T R R O S N
P S Z I O Q R Y J A S S A T G
O Q Q N S M U I T J P F L U S
R W X J H R B L N W S M K D I
W X F C L C A A G C Y O N F C
N W S Z Z A J E L Q E A H L Y
M A I D E N S L L M H S P B H
```

ALTAR	EARRING	PRINCES
BALM	GOLD	SERPENTS
BEASTS	HANDS	VAPOR
BRACELETS	HEART	WATERS
CATTLE	ISRAEL	
CHILDREN	KINGS	
DEEPS	MAIDENS	

MEGA CRAFTED WORD SEARCHES

1. BIBLE PICK 'EMS

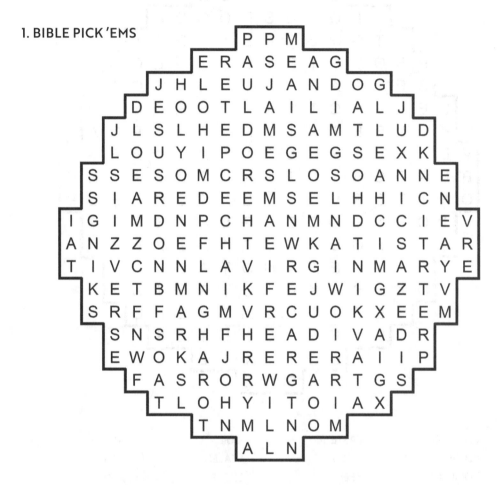

```
                P P M
              E R A S E A G
            J H L E U J A N D O G
          D E O O T L A I L I A L J
          J L S L H E D M S A M T L U D
          L O U Y I P O E G E G S E X K
        S S E S O M C R S L O S O A N N E
        S I A R E D E E M S E L H H I C N
      I G I M D N P C H A N M N D C C I E V
      A N Z Z O E F H T E W K A T I S T A R
      T I V C N N L A V I R G I N M A R Y E
      K E T B M N I K F E J W I G Z T V
      S R F F A G M V R C U O K X E E M
        S N S R H F H E A D I V A D R
        E W O K A J R E R E R A I I P
          F A S R O R W G A R T G S
          T L O H Y I T O I A X
            T N M L N O M
              A L N
```

AARON	FORGIVENESS	JOHN	MICHAEL	SATAN
ADAM	FREE WILL	JOSEPH	MOSES	SECOND COMING
ALTAR	GOD	JUDEA	MYRRH	SIMON
DAVID	GOLD	KINGS	PAUL	SIN
EDITION	GRACE	LAWS	PENITENCE	STAR
ELOHIM	HELL	LENT	PETER	TORAH
ESAU	HEROD	LUKE	PSALM	VERSE
EVE	HOLY	MAGI	REDEEM	VIRGIN MARY
EVIL	JAMES	MANGER	REPENT	
FAST	JESUS	MARK	SAINT	

2. PAUL'S HARD JOURNEY

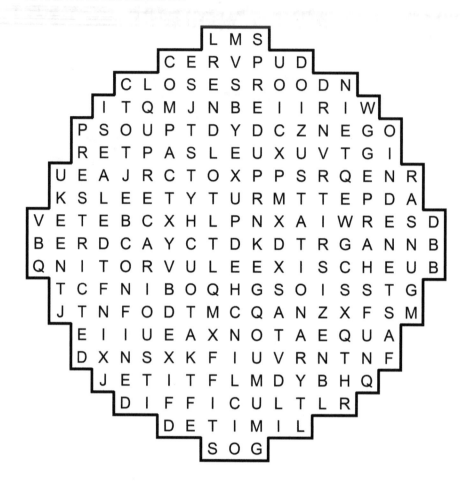

CLINCHED	FASTENED	RIGID	STIFF
CLOSE	FIXED	SEALED	TAUT
COMPACT	KEEN	SECURE	TENSE
CONFINED	LIMITED	SHARP	TOUCHY
CRAMPED	POINTED	SNUG	UNMOVABLE
DANGEROUS	PRECARIOUS	SOUND	UPTIGHT
DIFFICULT	RESTRICTED	STATIONARY	

3. GO TO CHURCH

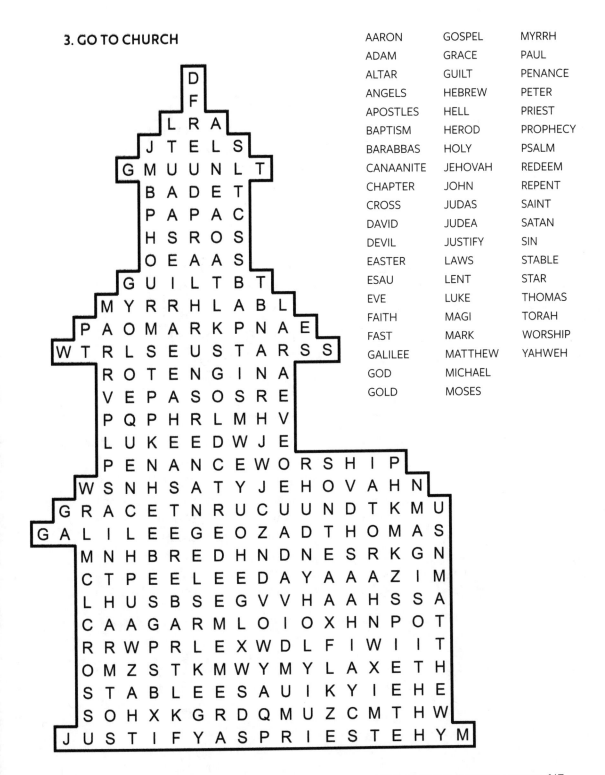

AARON
ADAM
ALTAR
ANGELS
APOSTLES
BAPTISM
BARABBAS
CANAANITE
CHAPTER
CROSS
DAVID
DEVIL
EASTER
ESAU
EVE
FAITH
FAST
GALILEE
GOD
GOLD

GOSPEL
GRACE
GUILT
HEBREW
HELL
HEROD
HOLY
JEHOVAH
JOHN
JUDAS
JUDEA
JUSTIFY
LAWS
LENT
LUKE
MAGI
MARK
MATTHEW
MICHAEL
MOSES

MYRRH
PAUL
PENANCE
PETER
PRIEST
PROPHECY
PSALM
REDEEM
REPENT
SAINT
SATAN
SIN
STABLE
STAR
THOMAS
TORAH
WORSHIP
YAHWEH

4. BIBLE SEARCH

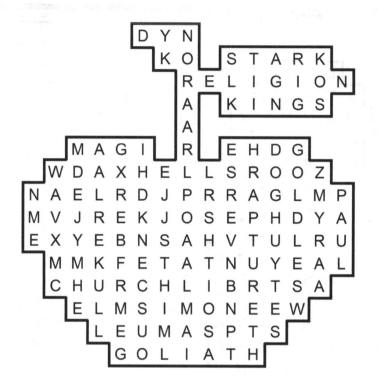

AARON	GUILT	LENT	REDEEM
ADAM	HEBREW	LUKE	RELIGION
CHURCH	HELL	MAGI	SAINT
ESAU	HOLY	MARK	SAMUEL
EVE	JOHN	MYRRH	SIMON
GOD	JOSEPH	PAUL	SIN
GOLD	KINGS	PETER	STAR
GOLIATH	LAWS	RAPTURE	VERSE

5. LOVE VS. HATE

```
K S J L P J         R E D E E M
P A I E A K O L     Q S E H O L Y M
L D A A N R M S A T P U A O P D C R E S
X U A H U A G O E W O R S H I P L E O R S I N
J C C Z M L J S P S R M A C N P H U N H S M G
R I G I A G E E H S A A L V T P Z S K T I O W
M F O W Z R S S S A H T M E O H R A K E A N H
H E L Q L A U S A M R T Z R A E S T A R H E U
R D N I C S S B U D H P S T B B A N I W Y
  P R I E S T B E Y E E E B R I N G H F
    J U D E A A L X W P A E E K A A I
      G U I L T K L E N T V W M Y T
        H U T H O M A S J U E D C
          M A N G E R L O D E N
            S T A B L E H D A
              B U E Z U N S
                H E R O D
                  V B R
```

BONDED	JESUS	LUKE	PETER	SATAN
GOLD	JOHN	MAGI	PRIEST	SIMON
GRACE	JOSEPH	MANGER	PROPHECY	SIN
GUILT	JUDAS	MARK	PSALM	STABLE
HEAVEN	JUDEA	MATTHEW	REDEEM	STAR
HEBREW	KINGS	MESSIAH	REPENT	THOMAS
HELL	LAWS	MICHAEL	SABBATH	TORAH
HEROD	LAZARUS	MOSES	SAINT	VERSE
HOLY	LENT	MYRRH	SAMUEL	WORSHIP
JAMES	LUCIFER	PAUL	SANCTIFY	YAHWEH

6. BIBLE HUNT

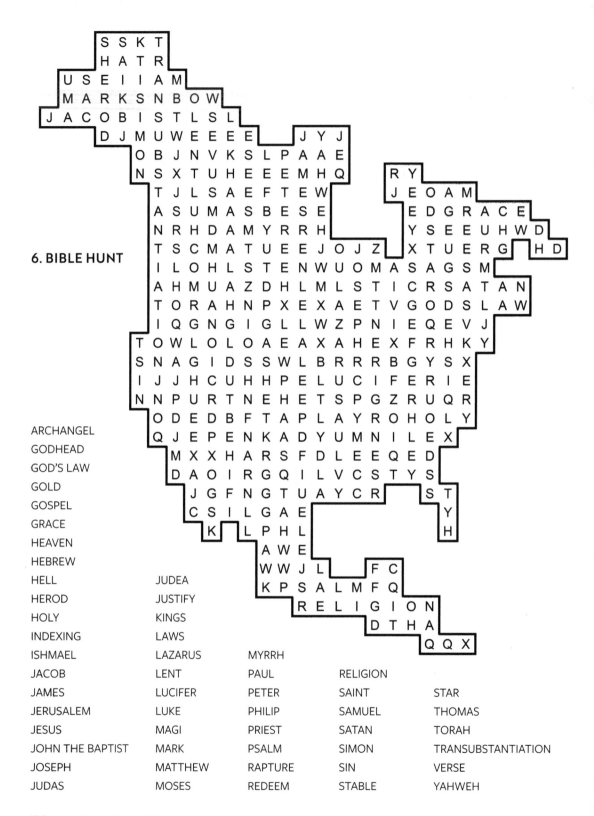

```
      S S K T
      H A T R
  U S E I I A M
  M A R K S N B O W
J A C O B I S T L S L
    D J M U W E E E E        J Y J
      O B J N V K S L P A A E
      N S X T U H E E E M H Q        R Y
      T J L S A E F T E W          J E O A M
      A S U M A S B E S E            E D G R A C E
      N R H D A M Y R R H            Y S E E U H W D
      T S C M A T U E E J O J Z    X T U E R G   H D
      I L O H L S T E N W U O M A S A G S M
      A H M U A Z D H L M L S T I C R S A T A N
      T O R A H N P X E X A E T V G O D S L A W
      I Q G N G I G L L W Z P N I E Q E V J
    T O W L O L O A E A X A H E X F R H K Y
    S N A G I D S S W L B R R R B G Y S X
    I J J H C U H H P E L U C I F E R I E
    N N P U R T N E H E T S P G Z R U Q R
    O D E D B F T A P L A Y R O H O L Y
    Q J E P E N K A D Y U M N I L E X
    M X X H A R S F D L E E Q E D
    D A O I R G Q I L V C S T Y S
    J G F N G T U A Y C R   S T
    C S I L G A E           T Y H
  K   L P H L               T Y H
    A W E
    W W J L       F C
    K P S A L M F Q
    R E L I G I O N
      D T H A
          Q Q X
```

ARCHANGEL

GODHEAD

GOD'S LAW

GOLD

GOSPEL

GRACE

HEAVEN

HEBREW

HELL   JUDEA

HEROD   JUSTIFY

HOLY   KINGS

INDEXING   LAWS

ISHMAEL   LAZARUS   MYRRH

JACOB   LENT   PAUL   RELIGION

JAMES   LUCIFER   PETER   SAINT   STAR

JERUSALEM   LUKE   PHILIP   SAMUEL   THOMAS

JESUS   MAGI   PRIEST   SATAN   TORAH

JOHN THE BAPTIST MARK   PSALM   SIMON   TRANSUBSTANTIATION

JOSEPH   MATTHEW   RAPTURE   SIN   VERSE

JUDAS   MOSES   REDEEM   STABLE   YAHWEH

BIBLE TRIVIA

Simply choose the correct answer from the choices.

1. During Nehemiah's time in the Persian palace, what was his job?
   - A. Cupbearer to the king
   - B. Casemaker to the king
   - C. Baker for the king
   - D. Tailor for the king

2. Who recommended Mordecai be given royal treatment for saving the king?
   - A. Esther
   - B. Haman
   - C. Bigthan
   - D. Teresh

3. Ezra left Babylon to travel to Jerusalem. How long did his journey take?
   - A. 6 days
   - B. A couple of weeks or so
   - C. The entire month of June
   - D. 4 months

4. How many churches of Asia Minor were there?
   - A. None
   - B. 1
   - C. 7
   - D. 33

5. Which of the following was the first miracle performed by Jesus?
   - A. Jesus cast out an unclean spirit
   - B. Jesus changed water into wine
   - C. Jesus calmed the sea
   - D. Jesus cured the nobleman's son

6. On which day of creation did God create man?
   - A. The sixth day
   - B. The first day
   - C. The third day
   - D. The fourth day

7. Who walked with God and then one day was not, because God took him?
   - A. Noah
   - B. Enoch
   - C. Job
   - D. Abraham

8. When the flood ended, how old was Noah?
   - A. 100
   - B. 222
   - C. 945
   - D. 601

9. When Jacob stole Esau's blessing from their father, who helped him?

   A. Leah

   B. His mother

   C. His sister

   D. His cousin

10. What new name did God give to Jacob?

    A. Aaron

    B. Caleb

    C. Darius

    D. Israel

11. What was the second plague God brought upon Egypt?

    A. Flies

    B. Frogs

    C. Lice

    D. Hail

12. Who betrayed Samson to the Philistines?

    A. Shamgar

    B. Ibzan

    C. Delilah

    D. Deborah

13. Of the following, who was a judge in Israel?

    A. Abednego

    B. Mishael

    C. Susanna

    D. Deborah

14. How many years total did Jacob work for Laban to gain Rachel's hand in marriage?

    A. 1

    B. 3

    C. 10

    D. 14

15. What does the name Eve mean?

    A. With child

    B. First night

    C. Mother of all living

    D. Friend of man

16. How many years did Seth live?

    A. 912

    B. 777

    C. 300

    D. 80

17. What was used to transport baby Moses down the Nile River?

    A. The back of a large fish

    B. A pond leaf

    C. A raft

    D. An ark

18. During the time of Amos, who was the priest of Bethel?

    A. Abiathar

    B. Amaziah

    C. Hilkiah

    D. Phinehas

19. To avoid capture and death by an enemy king, who pretended to be insane?

    A. Saul

    B. David

    C. Ezra

    D. Joseph

20. What was the name of Samuel's grandson?

    A. Abimelech

    B. Careah

    C. Eshbaal

    D. Heman

21. Which disciples witnessed Jesus's transfiguration?

    A. Andrew and Philip

    B. James and Thaddeus

    C. James, Peter, and John

    D. John, Philip, and Bartholomew

22. What was Judas's reward for betraying Jesus?

    A. 30 pieces of silver

    B. A gold ring and necklace

    C. A seat at the king's table

    D. A mule

23. When David was anointed king of Israel, how old was he?

    A. 12 years old

    B. 17 years old

    C. 30 years old

    D. 75 years old

24. Who was a witness when Elijah was taken up to heaven?

    A. Josiah

    B. Huldah

    C. Hazael

    D. Elisha

25. Who buried Moses in the valley of Moab?

    A. The Lord

    B. Aaron

    C. The angel Gabriel

    D. Job

26. At the siege of Jerusalem, how many troops did Sennacherib lose?

    A. 1

    B. 185,000

    C. Legions

    D. $1,000 \times 1,000$

27. At Lehi, when Samson killed 1,000 Philistines, what weapon did he use?

    A. The jawbone of an ass

    B. A club

    C. A battle axe

    D. A sword

28. When Jesus turned water into wine, what village was he in?

    A. Antioch

    B. Bethlehem

    C. Damascus

    D. Cana of Galilee

29. Who was the mother of John the Baptist?
    A. Dorcas
    B. Sapphira
    C. Elisabeth
    D. Salome

30. Who told Zacharias that his wife would bear him a son?
    A. The angel Gabriel
    B. The angel Michael
    C. John the Baptist
    D. Jacob

31. When David slew Goliath, who was the king of Israel?
    A. Solomon
    B. Saul
    C. Jeroboam
    D. Omri

32. When Isaac was born, how old was his father, Abraham?
    A. 100
    B. Fourscore
    C. 475
    D. 900

33. Who was David's beautiful daughter?
    A. Keturah
    B. Reumah
    C. Tamar
    D. Milcah

34. Who was the father of Absalom?
    A. David
    B. Samson
    C. Moses
    D. Jacob

35. Who was the first high priest of Israel?
    A. Abiathar
    B. Johanan
    C. Azariah
    D. Aaron

36. Who was the mother-in-law of Ruth?
    A. Mary
    B. Rachel
    C. Naomi
    D. Priscilla

37. What man did God describe as being "blameless and upright"?
    A. Abraham
    B. Job
    C. Joshua
    D. John the Baptist

38. How old was Sarah when she died?
    A. 90
    B. 100
    C. 127
    D. 325

39. When King David died, where was he buried?

   A. Damascus

   B. The city of David

   C. Alexandria

   D. Elba

40. How many days was Saul without sight?

   A. 3

   B. 17

   C. 99

   D. 365

41. How many demons were cast out of Mary Magdalene?

   A. 7

   B. Legions

   C. 101

   D. None

42. What is the shortest chapter in the Bible?

   A. Psalm 134

   B. Psalm 117

   C. Job 25

   D. Esther 10

43. How many books are in the Old Testament?

   A. 22

   B. 39

   C. 66

   D. 77

44. Which book of the Bible has 150 chapters?

   A. Genesis

   B. 1 Kings

   C. Psalms

   D. Revelation

45. What king gave the order for Daniel to be put in the lions' den?

   A. King Darius

   B. King Ahaz

   C. King Jehoshaphat

   D. King Zedekiah

46. Who wore a coat of many colors?

   A. Shadrach

   B. Samuel

   C. Jonathan

   D. Joseph

47. In what city did Jesus meet Zacchaeus the publican?

   A. Cana

   B. Jericho

   C. Nazareth

   D. Smyrna

48. Which one of the disciples was a physician?

   A. Matthew

   B. Mark

   C. John

   D. Luke

49. Which one of the prophets of God once outran a chariot?
    A. Jonah
    B. Nahum
    C. Elijah
    D. Jehu

50. While fleeing into the wilderness from Jezebel, what kind of tree did Elijah rest under?
    A. Sycamore tree
    B. Juniper tree
    C. Fig tree
    D. Olive tree

51. What does the word *rabbi* mean?
    A. Servant
    B. Deliverer
    C. Healer
    D. Teacher

52. When Cain went out from the presence of the Lord, what land did he dwell in?
    A. Nod
    B. Caria
    C. Tyre
    D. Palestine

53. What was Jesus comparing Solomon to when he said that "even Solomon in all his glory was not arrayed like one of these"?
    A. Rose of Sharon
    B. Lilies of the field
    C. The sparrow
    D. The temple

54. In Jacob's dream, what did he see going up and down a ladder that reached heaven?
    A. Animals
    B. The saints of God
    C. Angels
    D. Kings of the earth

55. Who told Mary, "Blessed art thou among women, and blessed is the fruit of thy womb"?
    A. Anna
    B. Rhoda
    C. Salome
    D. Elisabeth

56. When the parents of Jesus thought he was lost because he stayed behind in the temple, how old was he?
    A. 12 years old
    B. 8 years old
    C. 33 years old
    D. 10 months old

57. How many brothers did Jesus have?

    A. 2

    B. 3

    C. 4

    D. None

58. What name did the prince of the eunuchs give to Daniel?

    A. Hananiah

    B. Belteshazzar

    C. Mishael

    D. Azariah

59. Who had a dream of seven fat and seven lean cows?

    A. Pharaoh

    B. Potiphar

    C. Herod

    D. Rameses

60. How many locks did Samson have in his hair?

    A. One big one

    B. 7

    C. Countless

    D. 48

61. What two things did John the Baptist say Jesus would baptize with?

    A. Water and fire

    B. The Holy Ghost and water

    C. Water and grace

    D. The Holy Ghost and fire

62. What did Jesus say would happen to those that mourn?

    A. They shall be filled

    B. They shall see God

    C. They shall be comforted

    D. They shall inherit the earth

63. What did Jesus say belongs to the poor in spirit?

    A. The kingdom of heaven

    B. Mercy

    C. Righteousness

    D. Grace and peace

64. How did Judas Iscariot, who betrayed Jesus, die?

    A. He was stoned

    B. He hanged himself

    C. He was beheaded

    D. He was drowned

65. While on the cross, to which of the disciples did Jesus say, "Behold thy mother!"?

    A. Peter

    B. Philip

    C. Thomas

    D. John

66. Where did Jacob ask his sons to bury him?

    A. In Jerusalem

    B. In the land of Canaan

    C. In Haran

    D. In Hebron

67. In the book of Proverbs, what insect was Solomon talking about when he said, "Consider her ways, and be wise"?
   A. A locust
   B. A grasshopper
   C. An ant
   D. A bee

68. During the plague of darkness in the land of Egypt, how long did it remain dark?
   A. 1 hour
   B. 3 days
   C. 1 week
   D. 40 days

69. What was Joseph called by his brothers?
   A. A troublemaker
   B. A dreamer
   C. An instigator
   D. A liar

70. According to God, "Man looketh on the outward appearance, but the LORD looketh on . . ."
   A. The results
   B. The intentions
   C. The heart
   D. The mind

71. How many days and nights did Jonah spend in the belly of the great fish?
   A. 6 days and 6 nights
   B. 3 days and 3 nights
   C. 4 days and 3 nights
   D. 2 days and 2 nights

72. On what mount did Elijah meet with the prophets of Baal?
   A. The Mount of Olives
   B. Mount Sinai
   C. Mount Carmel
   D. Mount Hermon

73. What woman in the Bible was a seller of purple?
   A. Lydia
   B. Hannah
   C. Ruth
   D. Esther

74. The verse, "The blessing of the LORD, it maketh rich, and he addeth no sorrow with it," is found in which book of the Bible?
   A. Numbers
   B. Revelation
   C. Acts
   D. Proverbs

75. In which book of the Bible did Jesus deliver the Sermon on the Mount?

    A. Jude

    B. Psalms

    C. Matthew

    D. Acts

76. How long did Jesus fast in the wilderness?

    A. 20 days and 20 nights

    B. 14 days and 14 nights

    C. 30 days and 30 nights

    D. 40 days and 40 nights

77. In which book of the Bible does God warn us not to add or subtract from his Word?

    A. Revelation

    B. James

    C. Isaiah

    D. 2 Chronicles

78. What land did Joseph basically rule?

    A. Rome

    B. Egypt

    C. Eden

    D. Babylon

79. Who was Moses married to?

    A. Martha

    B. Naomi

    C. Anna

    D. Zipporah

80. How long was Joseph in prison?

    A. 7 years

    B. 3 years

    C. 6 years

    D. 2 years

81. Who went on their yearly trip to Shiloh to worship God and prayed for a baby?

    A. Hannah

    B. Rachel

    C. Miriam

    D. Sarah

82. Who was sent by Jesus to prepare the Passover meal?

    A. James and Thomas

    B. Peter and John

    C. Philip and Paul

    D. Timothy and Thomas

83. What does the word *hallelujah* mean in the Bible?

    A. The end

    B. God is good

    C. It is finished

    D. Praise the Lord

84. On which island was Paul shipwrecked?

    A. Cyprus

    B. Sicily

    C. Malta

    D. Crete

85. In the parable of the good Samaritan, who was the first to pass by the injured man?

A. A farmer

B. A priest

C. A Levite

D. A blacksmith

86. How many books are in the New Testament?

A. 27

B. 29

C. 26

D. 24

87. What was the name of Adam's third son?

A. Shem

B. Seth

C. Cain

D. Japheth

88. When Elijah was hiding in the brook Cherith east of Jordan, what kind of bird brought him food?

A. Raven

B. Dove

C. Eagle

D. Pigeon

89. How old was Saul when he became king over Israel?

A. 8

B. 15

C. 30

D. 45

90. Of the following, who was not a judge?

A. Laban

B. Abimelech

C. Samuel

D. Barak

91. Who was the first judge in the Bible?

A. Elon

B. Jair

C. Abdon

D. Othniel

92. Who wrote the book of Revelation?

A. Paul

B. David

C. John

D. Matthew

93. In the book of Revelation, which church is addressed first?

A. Smyrna

B. Pergamos

C. Ephesus

D. Thyatira

94. Who went with Paul on his first missionary journey?

    A. Barnabas

    B. Stephen

    C. Silas

    D. James

95. What book in the New Testament tells of Paul's conversion?

    A. Romans

    B. Colossians

    C. Acts

    D. Titus

96. What blind man was healed by Jesus?

    A. Ananias

    B. Saul

    C. Jude

    D. Bartimaeus

97. When Jesus was born, who was king of Judea?

    A. Herod

    B. Ahab

    C. Jehu

    D. Jotham

98. To whom did God say, "Arise, and go into the street which is called Straight"?

    A. Ananias

    B. Alphaeus

    C. Elias

    D. John

99. Which chapter of the Bible covers the subject of love?

    A. Mark 14

    B. 1 Corinthians 13

    C. Philippians 4

    D. Genesis 3

100. In Psalm 23, what does the psalmist say brings him comfort?

    A. The still waters

    B. The anointing oil

    C. God's staff and rod

    D. The green pastures

SCRIPTURAL CRYPTOGRAMS

Bible verses are encrypted using substituted letters for the real letters. In order to solve each puzzle, you must figure out the letter substitutions.

For example, in a puzzle, you may figure out that the encrypted letter H is really an A in Scripture. As a result, all instances of H in the encrypted puzzle will be written as A in your answer.

It is very helpful to figure out the small words first, and a hint is provided for each puzzle.

HINT O=R

1. LMA OYQYHLC BGRSYA ED CYO YNYW, LMA JCYM WCY WLJ GWLLX,
   WCY BGVCSYA PRR SCY XLTYB.

                                                          VYMYWGW 24:64

___ _____ _____ ___ ___ _____,' ____ _____ ___ ___ _____,'

____ _____ ___ ___ ___ _____.

                                                          _____ 24:64

HINT Y=E

2. SCYM GWLLX WPJYA GM SCLS BLMA, LMA OYXYGZYA GM SCY WLTY
   NYLO LM CEMAOYARPBA: LMA SCY BPOA QBYWWYA CGT.

                                                          VYMYWGW 26:12

_____ _____ _____ __ ____ ____,' ____ _____ __ ___ ____

_____ __ _____: ___ ___ ____ _____ ___.

                                                          _____ 26:12

162

3. LMA TPWYW JLW XPMSYMS SP AJYBB JGSC SCY TLM: LMA CY VLZY
TPWYW UGDDPOLC CGW ALEVCSYO.

YIPAEW 2:21

___ ___ ___ ___ ___ ___ ___ ___ ___ ___ ___: ___ ___ ___

___ ___ ___ ___ ___ ___ .

___ 2:21

4. PMBN SCPE WCLBS MPS METQYO SCY SOGQY PR BYZG, MYGSCYO
SLHY SCY WET PR SCYT LTPMV SCY XCGBAOYM PR GWOLYB.

METQYOW 1:49

___ ___ ___ ___ ___ ___ ___ ___ ___ , ___ ___

___ ___ ___ ___ ___ ___ ___ ___ ___ .

___ 1:49

5. QES LW RPO NPE, SEOM NPE, LMA SLHY NPEO KPEOMYN GMSP SCY
JGBAYOMYWW QN SCY JLN PR SCY OYA WYL.

AYESYOPMPTN 1:40

___ ___ ___ ___ , ___ ___ ___ , ___ ___ ___ ___ ___ ___

___ ___ ___ ___ ___ ___ ___ .

___ 1:40

6. LMA KPWCEL WLGA EMSP SCY DYPDBY, WLMXSGRN NPEOWYBZYW:

RPO SP TPOOPJ SCY BPOA JGBB AP JPMAYOW LTPMV NPE.

KPWCEL 3:5

____ _____ _____ ____ ____ ___ _____, _____ _____:

____ __ _____ ___ _____ __ _____ _____ ___.

_____ 3:5

7. SCYM WLGA QPLU EMSP CGW WYOZLMS SCLS JLW WYS PZYO SCY

OYLDYOW, JCPWY ALTWYB GW SCGW?

OESC 2:5

_____ ____ _____ ____ _____ ____ _____ ___ ____

_____, _____ _____ ___ ____?

_____ 2:5

8. RPO SCGW XCGBA G DOLNYA; LMA SCY BPOA CLSC VGZYM TY TN

DYSGSGPM JCGXC G LWHYA PR CGT.

1 WLTEYB 1:27

____ _____ _____ _____; _____ _____ ____ ____ __

_____ _____ __ ____ __ ___.

1 _____ 1:27

9. QES WLTEYB TGMGWSYOYA QYRPOY SCY BPOA, QYGMV L XCGBA,

VGOAYA JGSC L BGMYM YDCPA.

1 WLTEYB 2:18

____ _____ _____ _____ ___ ____, _____ __ _____,

_____ ____ __ _____ _____.

1 _____ 2:18

10. LMA ALZGA BLTYMSYA JGSC SCGW BLTYMSLSGPM PZYO WLEB LMA

PZYO KPMLSCLM CGW WPM.

2 WLTEYB 1:17

____ _____ _____ ___ _____ _____

____ _____ ___ _____.

2 _____ 1:17

11. LMA SCY BPOA WLGA, KEALC WCLBB VP ED: QYCPBA, G CLZY

AYBGZYOYA SCY BLMA GMSP CGW CLMA.

KEAVYW 1:2

___ ___ _____ _____, _____ ____ __ __: _____, __ ___

_____ ___ ____ ____ ___ ____.

1:2

HINT Y=E

12. LMA AYQPOLC, L DOPDCYSYWW, SCY JGRY PR BLDGAPSC, WCY
    KEAVYA GWOLYB LS SCLS SGTY.

                                                            KEAVYW 4:4

_____ _____, __ _____, ___ ____ ____ _____, ____

_____ _____ __ ____ _____.

                                                            _____ 4:4

HINT T=M

13. SCY TPEMSLGMW TYBSYA ROPT QYRPOY SCY BPOA, YZYM SCLS
    WGMLG ROPT QYRPOY SCY BPOA VPA PR GWOLYB.

                                                            KEAVYW 5:5

___ _____ _____ _____ ___ _____, _____ _____

_____ ____ _____ __ ____ _____ __ _____.

                                                            _____ 5:5

HINT L=A

14. LMA KPMLSCLM LMWJYOYA LMA WLGA SP LAPMGKLC, ZYOGBN PEO
    BPOA HGMV ALZGA CLSC TLAY WPBPTPM HGMV.

                                                            1 HGMVW 1:43

_____ _____ _____ ___ _____, _____ ___

_____ ____ _____ ____ ____ _____ ____.

                                                            1 _____ 1:43

HINT M=N

15. LMA WPBPTPM CLA RPOSN SCPEWLMA WSLBBW PR CPOWYW RPO

    CGW XCLOGPSW, LMA SJYBZY SCPEWLMA CPOWYTYM.

                                                            1 HGMVW 4:26

    ____ _____ ____ _____ _____ _____ __ _____ ___ ____

    ____ _____, ____ ___ _____ _____ _____.

                                                    1 _____ 4:26

HINT G=I

16. LMA HGMV KYCPOLT JYMS PES PR WLTLOGL SCY WLTY SGTY, LMA

    METQYOYA LBB GWOLYB.

                                                            2 HGMVW 3:6

    ____ _____ _____ ____ ____ _____ ___ ____ ____, ___

    _____ ___ _____.

                                                    2 _____ 3:6

HINT S=T

17. QES SCY WLBZLSGPM PR SCY OGVCSYPEW GW PR SCY BPOA:

    CY GW SCYGO WSOYMVSC GM SCY SGTY PR SOPEQBY.

                                                            DWLBT 37:39

    ___ ___ _____ __ ___ _____ __ __ ___ ____:

    __ __ _____ _____ __ ___ ____ __ _____.

                                                    _____ 37:39

18. RPO VPA CLSC MPS VGZYM EW SCY WDGOGS PR RYLO; QES PR

    DPJYO, LMA PR BPZY, LMA PR L WPEMA TGMA.

                                                      2 SGTPSCN 1:7

    ____ ___ ____ ___ _____ __ ___ _____ __ ____; ____ __

    _____, ___ __ _____, ___ __ _ _____ _____.

                                                      2 _____ 1:7

19. AYBGVCS SCNWYBR LBWP GM SCY BPOA: LMA CY WCLBB VGZY

    SCYY SCY AYWGOYW PR SCGMY CYLOS.

                                                      DWLBT 37:4

    _____ _____ ____ __ ___ ____: ___ __ __ ____ _____

    ___ __ _____ __ ____ _____.

                                                      _____ 37:4

20. XLWS SCN QEOAYM EDPM SCY BPOA, LMA CY WCLBB WEWSLGM

    SCYY: CY WCLBB MYZYO WERRYO SCY OGVCSYPEW SP QY TPZYA.

                                                      DWLBT 55:22

    _____ ___ _____ ____ ___ ____, ____ __ _____ _____

    ____: __ ____ _____ _____ ___ _____ __ __ _____.

                                                      _____ 55:22

HINT Y=E

21. RYLO MPS, BGSSBY RBPXH; RPO GS GW NPEO RLSCYO'W VPPA
DBYLWEOY SP VGZY NPE SCY HGMVAPT.

BEHY 12:32

_____ ___, _____ _____; ___ _ __ ___ _____ __ ____

_____ __ __ _____.

_____ 12:32

HINT Y=E

22. LMA BYS SCY DYLXY PR VPA OEBY GM NPEO CYLOSW, SP SCY JCGXC
LBWP NY LOY XLBBYA GM PMY QPAN; LMA QY NY SCLMHREB.

XPBPWWGLMW 3:15

____ __ __ __ __ __ __ __ __ _____, __ __ _____

_____ __ __ ___ __ ____ __ ____; ___ __ __ _____.

_____ 3:15

HINT L=A

23. RGMLBBN, TN QOYSCOYM, QY WSOPMV GM SCY BPOA, LMA GM SCY
DPJYO PR CGW TGVCS.

YDCYWGLMW 6:10

_____, __ _____, __ ____ __ __ ____, ___ __ ___

_____ __ ___ _____.

_____ 6:10

24. SCY NPEMV BGPMW AP BLXH, LMA WERRYO CEMVYO: QES SCYN

SCLS WYYH SCY BPOA WCLBB MPS JLMS LMN VPPA SCGMV.

DWLBT 34:10

____ _____ _____ __ ____, ___ _____ _____: ___ ____

____ ____ ____ ___ ____ ___ ____ ____ ____ ____ .

_____ 34:10

25. XPTY EMSP TY, LBB NY SCLS BLQPEO LMA LOY CYLZN BLAYM,

LMA G JGBB VGZY NPE OYWS.

TLSSCYJ 11:28

____ ____ __, __ __ ____ _____ ___ ___ ____ ____,

___ __ ____ ___ ___ ___ .

_____ 11:28

26. RPO SCY BPOA NPEO VPA GW CY SCLS VPYSC JGSC NPE, SP RGVCS

RPO NPE LVLGMWS NPEO YMYTGYW, SP WLZY NPE.

AYESYOPMPTN 20:4

____ ___ ____ ____ ___ __ ___ ____ ____ ___ ____, __ ____

____ ___ _____ ____ _____, __ ____ ___ .

_____ 20:4

27. G WPEVCS SCY BPOA, LMA CY CYLOA TY, LMA AYBGZYOYA TY ROPT LBB TN RYLOW.

DWLBT 34:4

_ _____ ___ _____, ___ __ _____ __, ___ _____ __ ____

___ __ _____.

_____ 34:4

28. JCLS WCLBB JY SCYM WLN SP SCYWY SCGMVW? GR VPA QY RPO EW, JCP XLM QY LVLGMWS EW?

OPTLMW 8:31

____ _____ __ _____ __ _____ _____? __ ___ __ ____

___, ___ ___ __ _____ __?

8:31

29. YZYON JPOA PR VPA GW DEOY: CY GW L WCGYBA EMSP SCYT SCLS DES SCYGO SOEWS GM CGT.

DOPZYOQW 30:5

_____ ____ __ ___ __ ____: __ __ __ ____ ____ ____

___ _____ _____ __ ___.

30:5

HINT S=T

30. GS GW VPA SCLS VGOAYSC TY JGSC WSOYMVSC, LMA TLHYSC TN JLN DYORYXS.

DWLBT 18:32

___ ___ ___ ____ _____ ___ ____ _____, ____ _____ ___

___ _____.

_____ 18:32

HINT P=O

31. QY PR VPPA XPEOLVY, LMA CY WCLBB WSOYMVSCYM NPEO CYLOS, LBB NY SCLS CPDY GM SCY BPOA.

DWLBT 31:24

___ __ _____, __ __ _____ _____ ____ _____,

___ __ ____ ____ ___ ___ ____.

_____ 31:24

HINT G=I

32. CY VGZYSC DPJYO SP SCY RLGMS; LMA SP SCYT SCLS CLZY MP TGVCS CY GMXOYLWYSC WSOYMVSC.

GWLGLC 40:29

__ _____ _____ __ ___ _____; ____ __ ____ ____ __

_____ __ _____ _____.

_____ 40:29

HINT Y=E

33. NY LOY PR VPA, BGSSBY XCGBAOYM, LMA CLZY PZYOXPTY SCYT:
QYXLEWY VOYLSYO GW CY SCLS GW GM NPE, SCLM CY SCLS GW
GM SCY JPOBA.

1 KPCM 4:4

___ ___ ___ ___, _____ _____, ___ ___ _____ ___:

_____ _____ ___ ___ ___ ___ ___ ___ ___, ___ ___ ___ ___

___ ___ ___.

1 _____ 4:4

HINT Y=E

34. SCY JGXHYA RBYY JCYM MP TLM DEOWEYSC: QES SCY OGVCSYPEW
LOY QPBA LW L BGPM.

DOPZYOQW 28:1

___ _____ ____ ____ ___ ___ _____: ___ ___ _____

___ ____ ___ __ ____.

_____ 28:1

HINT W=S

35. JCGXC QN CGW WSOYMVSC WYSSYSC RLWS SCY TPEMSLGMW;
    QYGMV VGOAYA JGSC DPJYO.

                                                    DWLBT 65:6

    _____ __ ____ _____ _____ ____ ___ _____;

    _____ _____ ____ _____.

                                            _____ 65:6

HINT S=T

36. BYS YZYON PMY PR EW DBYLWY CGW MYGVCQPEO RPO CGW VPPA
    SP YAGRGXLSGPM.

                                                    OPTLMW 15:2

    ___ __ ___ _____ _____ ___ ____ ____ ____ ____

    __ _____.

                                            _____ 15:2

HINT Y=E

37. RPO SP QY XLOMLBBN TGMAYA GW AYLSC; QES SP QY
    WDGOGSELBBN TGMAYA GW BGRY LMA DYLXY.

                                                    OPTLMW 8:6

    ___ __ __ _____ _____ __ ____; ___ __ __ __

    _____ _____ __ ____ ___ _____.

                                            _____ 8:6

HINT L=A

38. G CLZY WYS SCY BPOA LBJLNW QYRPOY TY: QYXLEWY CY GW LS
TN OGVCS CLMA, G WCLBB MPS QY TPZYA.

DWLBT 16:8

_ ____ ____ ____ ____ _____ _____ __: _____ __ __ __

__ ____ ____, __ ____ ___ ___ ____.

_____ 16:8

HINT P=O

39. SCPE JGBS HYYD CGT GM DYORYXS DYLXY, JCPWY TGMA GW
WSLNYA PM SCYY: QYXLEWY CY SOEWSYSC GM SCYY.

GWLGLC 26:3

____ ____ ____ ____ ___ _____, _____ ___ ___

_____ __ ___: _____ __ _____ __ ___.

_____ 26:3

HINT O=R

40. RPO GR SCYOY QY RGOWS L JGBBGMV TGMA, GS GW LXXYDSYA LXXPOAGMV SP SCLS L TLM CLSC, LMA MPS LXXPOAGMV SP SCLS CY CLSC MPS.

2 XPOGMSCGLMW 8:12

____ __ _____ ___ _____ __ _____ _____, __ ___ _____

_____ __ ____ _ ___ _____, ___ ___ _____ __ ___

__ ____ ___.

2 _____ 8:12

HINT L=A

41. RPO LW SCY WERRYOGMVW PR XCOGWS LQPEMA GM EW, WP PEO XPMWPBLSGPM LBWP LQPEMAYSC QN XCOGWS.

2 XPOGMSCGLMW 1:5

____ __ __ _____ __ _____ _____ ___ ___, ___ ____

_____ ____ _____ __ _____.

2 _____ 1:5

HINT Y=E

42. QES SCY BPOA GW RLGSCREB, JCP WCLBB WSLQBGWC NPE,
LMA HYYD NPE ROPT YZGB.

2 SCYWWLBPMGLMW 3:3

____ ___ _____ ___ _____, ___ _____ _____ ___,

___ ____ ___ ____ ____.

2 _____ 3:3

HINT M=N

43. MPJ RLGSC GW SCY WEQWSLMXY PR SCGMVW CPDYA RPO, SCY
YZGAYMXY PR SCGMVW MPS WYYM.

CYQOYJW 11:1

___ _____ ___ __ _____ __ _____ _____ ___, ___

_____ __ _____ ___ _____.

_____ 11:1

HINT B=L

44. WSOYMVSCYMYA JGSC LBB TGVCS, LXXPOAGMV SP CGW VBPOGPEW

DPJYO, EMSP LBB DLSGYMXY LMA BPMVWERRYOGMV JGSC

KPNREBMYWW.

XPBPWWGLMW 1:11

_____ ____ ___ _____, _____ __ ___ _____

_____, ____ ___ ____ _____ ____ _____

_____.

_____ 1:11

HINT S=T

45. QES SCY ROEGS PR SCY WDGOGS GW BPZY, KPN, DYLXY,

BPMVWERRYOGMV, VYMSBYMYWW, VPPAMYWW, RLGSC.

VLBLSGLMW 5:22

___ ___ __ ___ _____ __ ___ _____ __ _____, ____, ____,

_____, _____, _____, _____.

_____ 5:22

46. CGSCYOSP CLZY NY LWHYA MPSCGMV GM TN MLTY: LWH, LMA NY

WCLBB OYXYGZY, SCLS NPEO KPN TLN QY REBB.

KPCM 16:24

_____ ____ __ _____ _____ __ __ ____: ___, ___ __

____ _____, ___ ____ ___ ___ ___ ____.

_____ 16:24

47. L TYOON CYLOS APYSC VPPA BGHY L TYAGXGMY: QES L QOPHYM

WDGOGS AOGYSC SCY QPMYW.

DOPZYOQW 17:22

_ _____ _____ ____ ____ ____ _ _____: ___ _ __ ___

____ _____ ____ ___.

_____ 17:22

48. SCGW GW SCY ALN JCGXC SCY BPOA CLSC TLAY; JY JGBB OYKPGXY

LMA QY VBLA GM GS.

DWLBT 118:24

_____ __ ___ ___ _____ ___ ____ ____ ____; __ __ _____

___ __ ____ __ __.

_____ 118:24

HINT G=I

49. SCPE JGBS WCYJ TY SCY DLSC PR BGRY: GM SCN DOYWYMXY GW

REBMYWW PR KPN; LS SCN OGVCS CLMA SCYOY LOY DBYLWEOYW

RPO YZYOTPOY.

DWLBT 16:11

_____ _____ _____ _____ _____ _____ _____: _____ _____ _____ _____ _____

_____ _____ _____; _____ _____ _____ _____ _____ _____ _____ _____

_____ _____.

_____ 16:11

HINT Y=E

50. SCYWY SCGMVW CLZY G WDPHYM EMSP NPE, SCLS TN KPN TGVCS

OYTLGM GM NPE, LMA SCLS NPEO KPN TGVCS QY REBB.

KPCM 15:11

_____ _____ _____ __ _____ _____ _____ _____, _____ __ __ _____

_____ __ _____, _____ _____ _____ _____ _____ __ _____.

_____ 15:11

51. BYS EW CPBA RLWS SCY DOPRYWWGPM PR PEO RLGSC JGSCPES

JLZYOGMV; (RPO CY GW RLGSCREB SCLS DOPTGWYA).

CYQOYJW 10:23

__ __ ___ __ ___ ___ ___ ___ ___ __ ___ __ ___

_____ ; (___ __ __ ____ ___ _____).

_____ 10:23

52. LMA LQPZY LBB SCYWY SCGMVW DES PM XCLOGSN, JCGXC GW SCY

QPMA PR DYORYXSMYWW.

XPBPWWGLMW 3:14

___ ____ ___ ____ _____ ___ __ _____, ____ __ ___

____ __ _____.

_____ 3:14

HINT C=H

53. LMA LQPZY LBB SCGMVW CLZY RYOZYMS XCLOGSN LTPMV

NPEOWYBZYW: RPO XCLOGSN WCLBB XPZYO SCY TEBSGSEAY

PR WGMW.

1 DYSYO 4:8

____ _____ ___ _____ ____ _____ _____ ____

_____ : ___ _____ _____ _____ ___ _____

__ ____ .

1 _____ 4:8

HINT V=G

54. QES SCLMHW QU SP VPA, JCGXC VGZYSC EW SCY ZGXSPON

SCOPEVC PEO BPOA KYWEW XCOGWS.

1 XPOGMSCGLMW 15:57

____ _____ ___ __ ___ ' _____ _____ ___ ___ _____

_____ ___ __ ___ _____ .

1 _____ 15:57

182 BIG BRAIN BIBLE GAMES

55. LMA MPJ LQGAYSC RLGSC, CPDY, XCLOGSN, SCYWY SCOYY; QES SCY
VOYLSYWS PR SCYWY GW XCLOGSN.

1 XPOGMSCGLMW 13:13

____ ___ _____ _____, _____, _____, _____ _____; ___ ___

_____ ___ _____ __ _____.

1 _____ 13:13

56. QES VPA XPTTYMAYSC CGW BPZY SPJLOA EW, GM SCLS, JCGBY JY
JYOY NYS WGMMYOW, XCOGWS AGYA RPO EW.

OPTLMW 5:8

___ ___ _____ ___ ____ _____ ___, __ ____, _____ __

____ ___ _____, _____ ____ ___.

5:8

57. JGSC LBB BPJBGMYWW LMA TYYHMYWW, JGSC BPMVWERRYOGMV,
RPOQYLOGMV PMY LMPSCYO GM BPZY.

YDCYWGLMW 4:2

____ ___ _____ ___ _____, ____ _____,

_____ ___ _____ __ ____.

4:2

HINT B=L

58. BYS BPZY QY JGSCPES AGWWGTEBLSGPM. LQCPO SCLS JCGXC GW YZGB; XBYLZY SP SCLS JCGXC GW VPPA.

OPTLMW 12:9

___ ___ ___ ___ ___ ___ ___. ___ ___ ___ ___

___; ___ ___ ___ ___ ___ ___.

___ 12:9

HINT Y=E

59. XLBB EMSP TY, LMA G JGBB LMWJYO SCYY, LMA WCPJ SCYY VOYLS LMA TGVCSN SCGMVW, JCGXC SCPE HMPJYWS MPS.

KYOYTGLC 33:3

___ ___ ___, ___ ___ ___, ___ ___ ___ ___

___ ___ ___, ___ ___ ___ ___.

___ 33:3

HINT S=T

60. LMA SCY JPOBA DLWWYSC LJLN, LMA SCY BEWS SCYOYPR: QES CY SCLS APYSC SCY JGBB PR VPA LQGAYSC RPO YZYO.

1 KPCM 2:17

___ ___ ___ ___ ___, ___ ___ ___ ___: ___ ___

___ ___ ___ ___ ___ ___ ___ ___ ___ ___.

1 ___ 2:17

61. SCY MLTY PR SCY BPOA GW L WSOPMV SPJYO: SCY OGVCSYPEW

OEMMYSC GMSP GS, LMA GW WLRY.

DOPZYOQW 18:10

___ ___ __ ___ __ __ ___ ___: __ _____

_____ ____ __,' ___ ___ ___.

_____ 18:10

62. QES TN VPA WCLBB WEDDBN LBB NPEO MYYA LXXPOAGMV SP CGW

OGXCYW GM VBPON QN XCOGWS KYWEW.

DCGBGDDGLMW 4:19

___ __ ___ ___ ___ ___ _____ ___

_____ __ ___ ___ __ _____ _____.

_____ 4:19

63. RPO NY TLN LBB DOPDCYWN PMY QN PMY, SCLS LBB TLN BYLOM,

LMA LBB TLN QY XPTRPOSYA.

1 XPOGMSCGLMW 14:31

___ __ ___ ___ _____ ___ __ ___,' ___ ___ ___ _____,'

___ __ ___ __ _____.

1 _____ 14:31

HINT Y=E

64. LMA, NY RLSCYOW, DOPZPHY MPS NPEO XCGBAOYM SP JOLSC:
QES QOGMV SCYT ED GM SCY MEOSEOY LMA LATPMGSGPM PR
SCY BPOA.

YDCYWGLMW 6:4

___, __ _____, _____ ___ ___ _____ __ ___:

___ _____ ___ __ ___ _____ ___ _____ __ __

___ ____.

_____ 6:4

HINT B=L

65. SCY BPOA GW VPPA, L WSOPMV CPBA GM SCY ALN PR SOPEQBY;
LMA CY HMPJYSC SCYT SCLS SOEWS GM CGT.

MLCET 1:7

___ _____ ___ ____, __ _ _____ ___ __ ___ ___ __ _____;

___ __ _____ ____ ____ _____ __ ___.

_____ 1:7

ANSWERS

TRUE OR FALSE

GROUP 1

1. TRUE	11. TRUE	21. TRUE	31. TRUE	41. FALSE
2. TRUE	12. TRUE	22. TRUE	32. FALSE	42. TRUE
3. TRUE	13. TRUE	23. FALSE	33. TRUE	43. TRUE
4. FALSE	14. FALSE	24. TRUE	34. TRUE	44. FALSE
5. TRUE	15. TRUE	25. TRUE	35. FALSE	45. TRUE
6. TRUE	16. TRUE	26. FALSE	36. FALSE	46. TRUE
7. TRUE	17. TRUE	27. TRUE	37. TRUE	47. TRUE
8. FALSE	18. FALSE	28. TRUE	38. FALSE	48. FALSE
9. FALSE	19. FALSE	29. FALSE	39. TRUE	49. TRUE
10. FALSE	20. FALSE	30. TRUE	40. TRUE	

GROUP 2

1. TRUE	11. TRUE	21. TRUE	31. FALSE	41. TRUE
2. FALSE	12. FALSE	22. FALSE	32. FALSE	42. FALSE
3. TRUE	13. TRUE	23. TRUE	33. TRUE	43. FALSE
4. TRUE	14. FALSE	24. FALSE	34. TRUE	44. TRUE
5. TRUE	15. TRUE	25. TRUE	35. TRUE	45. TRUE
6. TRUE	16. FALSE	26. TRUE	36. TRUE	46. FALSE
7. FALSE	17. FALSE	27. FALSE	37. FALSE	47. TRUE
8. TRUE	18. TRUE	28. TRUE	38. TRUE	48. TRUE
9. FALSE	19. FALSE	29. TRUE	39. FALSE	49. FALSE
10. TRUE	20. FALSE	30. TRUE	40. TRUE	50. TRUE

GROUP 3

1. TRUE	8. FALSE	15. TRUE	22. TRUE	29. TRUE
2. FALSE	9. TRUE	16. TRUE	23. FALSE	30. FALSE
3. TRUE	10. TRUE	17. TRUE	24. TRUE	31. TRUE
4. TRUE	11. FALSE	18. FALSE	25. FALSE	32. TRUE
5. FALSE	12. TRUE	19. FALSE	26. FALSE	33. FALSE
6. TRUE	13. FALSE	20. TRUE	27. TRUE	34. TRUE
7. FALSE	14. TRUE	21. TRUE	28. TRUE	35. FALSE

36. TRUE	39. FALSE	42. FALSE	45. TRUE	48. FALSE
37. TRUE	40. TRUE	43. FALSE	46. TRUE	49. TRUE
38. TRUE	41. TRUE	44. TRUE	47. FALSE	50. TRUE

GROUP 4

1. FALSE	11. TRUE	21. TRUE	31. TRUE	41. FALSE
2. FALSE	12. FALSE	22. FALSE	32. FALSE	42. FALSE
3. TRUE	13. FALSE	23. FALSE	33. TRUE	43. TRUE
4. TRUE	14. TRUE	24. FALSE	34. FALSE	44. TRUE
5. TRUE	15. TRUE	25. TRUE	35. FALSE	45. FALSE
6. TRUE	16. FALSE	26. FALSE	36. TRUE	46. FALSE
7. FALSE	17. FALSE	27. TRUE	37. FALSE	47. FALSE
8. TRUE	18. FALSE	28. FALSE	38. FALSE	48. TRUE
9. FALSE	19. TRUE	29. FALSE	39. FALSE	49. FALSE
10. TRUE	20. TRUE	30. FALSE	40. TRUE	50. FALSE

GROUP 5

1. TRUE	11. FALSE	21. FALSE	31. TRUE	41. FALSE
2. FALSE	12. FALSE	22. TRUE	32. FALSE	42. TRUE
3. FALSE	13. TRUE	23. TRUE	33. FALSE	43. FALSE
4. TRUE	14. TRUE	24. FALSE	34. TRUE	44. FALSE
5. FALSE	15. TRUE	25. FALSE	35. FALSE	45. TRUE
6. FALSE	16. FALSE	26. TRUE	36. FALSE	46. TRUE
7. FALSE	17. TRUE	27. TRUE	37. FALSE	47. FALSE
8. FALSE	18. TRUE	28. TRUE	38. TRUE	48. TRUE
9. TRUE	19. TRUE	29. FALSE	39. FALSE	49. TRUE
10. FALSE	20. FALSE	30. FALSE	40. FALSE	50. FALSE

GROUP 6

1. TRUE	11. FALSE	21. FALSE	31. FALSE	41. TRUE
2. TRUE	12. TRUE	22. FALSE	32. TRUE	42. TRUE
3. FALSE	13. FALSE	23. TRUE	33. TRUE	43. TRUE
4. TRUE	14. TRUE	24. TRUE	34. FALSE	44. TRUE
5. FALSE	15. TRUE	25. TRUE	35. TRUE	45. TRUE
6. TRUE	16. FALSE	26. TRUE	36. FALSE	46. FALSE
7. FALSE	17. TRUE	27. FALSE	37. FALSE	47. TRUE
8. TRUE	18. TRUE	28. FALSE	38. TRUE	48. FALSE
9. TRUE	19. TRUE	29. FALSE	39. FALSE	49. FALSE
10. TRUE	20. TRUE	30. FALSE	40. TRUE	50. TRUE

GROUP 7

1. FALSE	11. FALSE	21. FALSE	31. FALSE	41. TRUE
2. FALSE	12. TRUE	22. TRUE	32. TRUE	42. TRUE
3. FALSE	13. TRUE	23. FALSE	33. TRUE	43. TRUE
4. TRUE	14. TRUE	24. FALSE	34. TRUE	44. FALSE
5. FALSE	15. TRUE	25. TRUE	35. TRUE	45. FALSE
6. TRUE	16. TRUE	26. TRUE	36. TRUE	46. TRUE
7. TRUE	17. TRUE	27. TRUE	37. FALSE	
8. FALSE	18. TRUE	28. FALSE	38. FALSE	
9. TRUE	19. TRUE	29. FALSE	39. TRUE	
10. TRUE	20. FALSE	30. TRUE	40. FALSE	

SUBSTITUTES/BONUS

1. TRUE	6. TRUE	11. FALSE	16. FALSE	21. FALSE
2. FALSE	7. FALSE	12. FALSE	17. FALSE	22. TRUE
3. TRUE	8. TRUE	13. FALSE	18. TRUE	23. FALSE
4. TRUE	9. TRUE	14. TRUE	19. TRUE	24. FALSE
5. TRUE	10. TRUE	15. TRUE	20. TRUE	

COMPLETE THE SCRIPTURE

PRAYER

1. If ye <u>abide</u> in me, <u>and</u> my words abide in you, ye <u>shall</u> ask what ye <u>will</u>, and it shall be done <u>unto</u> you.

2. Likewise the <u>Spirit</u> also <u>helpeth</u> our infirmities: for we know not what we <u>should</u> pray for as we ought: but the Spirit itself maketh <u>intercession</u> for us with groanings which <u>cannot</u> be uttered.

3. But when ye pray, use not vain <u>repetitions</u>, as the <u>heathen</u> do: for they <u>think</u> that they shall be heard for <u>their</u> much <u>speaking</u>.

4. And I say <u>unto</u> you, Ask, and it shall be <u>given</u> you; <u>seek</u>, and ye shall <u>find</u>; knock, and it shall be <u>opened</u> unto you.

5. I <u>exhort</u> therefore, that, first of all, <u>supplications</u>, prayers, <u>intercessions</u>, and <u>giving</u> of <u>thanks</u>, be made for all men.

6. Call <u>unto</u> me, and I will <u>answer</u> thee, and show thee great and <u>mighty</u> things, <u>which</u> thou <u>knowest</u> not.

7. Watch and pray, <u>that</u> ye enter not into temptation: the spirit <u>indeed</u> is <u>willing</u>, but the <u>flesh</u> is <u>weak</u>.

8. For <u>there</u> is <u>one</u> God, and one <u>mediator</u> between God and <u>men</u>, the man <u>Christ</u> Jesus.

9. And when thou <u>prayest</u>, thou shalt not be as the hypocrites are: for they love to pray standing in the <u>synagogues</u> and in the corners of the <u>streets</u>, that they may be seen of men. <u>Verily</u> I say unto you, They have their <u>reward</u>.

10. Praying <u>always</u> with all prayer and supplication in the Spirit, and <u>watching</u>

thereunto with all <u>perseverance</u> and <u>sup</u>-plication for all <u>saints</u>.

11. The righteous <u>cry</u>, and the LORD heareth, and <u>delivereth</u> them <u>out</u> of all their <u>troubles</u>.

12. And he <u>spake</u> a <u>parable</u> unto them to <u>this</u> end, that men <u>ought</u> always to pray, and not to <u>faint</u>.

13. <u>After</u> this manner <u>therefore</u> pray ye: Our <u>Father</u> which art in heaven, <u>Hallowed</u> be thy <u>name</u>.

THE HOLY SPIRIT

16. Now the Lord is that <u>Spirit</u>: and <u>where</u> the Spirit of the <u>Lord</u> is, <u>there</u> is <u>liberty</u>.

17. That he would <u>grant</u> you, according to the riches of his <u>glory</u>, to be <u>strengthened</u> with <u>might</u> by his Spirit in the <u>inner</u> man.

18. In the beginning God <u>created</u> the heaven and the <u>earth</u>. And the earth was <u>without</u> form, and void; and darkness was upon the face of the deep. And the Spirit of God <u>moved</u> upon the face of the <u>waters</u>.

19. This I say then, <u>Walk</u> in the <u>Spirit</u>, and ye shall not <u>fulfil</u> the <u>lust</u> of the <u>flesh</u>.

20. <u>Likewise</u> the Spirit also helpeth our <u>infir</u>-mities: for we know not what we should <u>pray</u> for as we ought: but the Spirit itself maketh <u>intercession</u> for us with <u>groanings</u> which cannot be uttered.

21. For by one <u>Spirit</u> are we all <u>baptized</u> into one body, <u>whether</u> we be Jews or <u>Gentiles</u>, whether we be bond or free; and have been all made to <u>drink</u> into one Spirit.

22. God is a <u>Spirit</u>: and they that <u>worship</u> him <u>must</u> worship <u>him</u> in spirit and in <u>truth</u>.

23. And I <u>will</u> pray the <u>Father</u>, and he shall give <u>you</u> another <u>Comforter</u>, that he may <u>abide</u> with you for ever.

24. But the <u>fruit</u> of the Spirit is love, <u>joy</u>, peace, <u>longsuffering</u>, gentleness, <u>goodness</u>, faith,

14. If ye <u>abide</u> in me, and my <u>words</u> abide in you, ye <u>shall</u> ask what ye <u>will</u>, and it shall be <u>done</u> unto you.

15. If my <u>people</u>, which are <u>called</u> by my name, shall humble <u>themselves</u>, and pray, and seek my face, and turn from their wicked ways; then will I hear from <u>heaven</u>, and will forgive their sin, and will <u>heal</u> their land.

meekness, <u>temperance</u>: against such there is no law.

25. <u>Know</u> ye not <u>that</u> ye are the <u>temple</u> of God, and that the <u>Spirit</u> of God <u>dwelleth</u> in you?

26. The wind <u>bloweth</u> where it <u>listeth</u>, and thou hearest the sound thereof, but canst not tell <u>whence</u> it cometh, and <u>whither</u> it goeth: so is <u>every</u> one that is born of the Spirit.

27. Then Peter said unto them, <u>Repent</u>, and be <u>baptized</u> every one of you in the <u>name</u> of Jesus Christ for the <u>remission</u> of sins, and ye shall <u>receive</u> the gift of the Holy Ghost.

28. If ye then, being <u>evil</u>, know how to <u>give</u> good <u>gifts</u> unto your <u>children</u>: how much more shall your <u>heavenly</u> Father give the Holy Spirit to them that ask him?

29. What? know ye <u>not</u> that your <u>body</u> is the <u>temple</u> of the Holy Ghost <u>which</u> is in you, which ye have of God, and ye are not <u>your</u> own?

30. And hope <u>maketh</u> not <u>ashamed</u>; because the love of God is <u>shed</u> abroad in our <u>hearts</u> by the Holy Ghost which is given <u>unto</u> us.

31. And we are his <u>witnesses</u> of these <u>things</u>; and so is also the Holy <u>Ghost</u>, whom God <u>hath</u> given to them that <u>obey</u> him.

32. And <u>grieve</u> not <u>the</u> holy Spirit of God, <u>whereby</u> ye are <u>sealed</u> unto the day of <u>redemption</u>.

33. In whom ye also <u>trusted</u>, after that ye <u>heard</u> the word of truth, the <u>gospel</u> of your <u>salvation</u>: in whom also after that ye believed, ye were <u>sealed</u> with that holy Spirit of promise.

34. <u>Teach</u> me to do thy <u>will</u>; for thou <u>art</u> my God: thy spirit is <u>good</u>; lead me into the <u>land</u> of uprightness.

35. The <u>grace</u> of the Lord Jesus Christ, and the <u>love</u> of God, and the <u>communion</u> of the Holy Ghost, be <u>with</u> you all. <u>Amen</u>.

36. But the <u>natural</u> man receiveth not <u>the</u> things of the Spirit of God: for they are <u>foolishness</u> unto him: <u>neither</u> can he know them, because they are <u>spiritually</u> discerned.

FASTING

37. Now in the <u>twenty</u> and fourth day of this month the children of <u>Israel</u> were assembled with <u>fasting</u>, and with <u>sackclothes</u>, and <u>earth</u> upon them.

38. But as for me, <u>when</u> they were <u>sick</u>, my clothing was sackcloth: I <u>humbled</u> my soul with fasting; and my prayer <u>returned</u> into <u>mine</u> own bosom.

39. Then the <u>king</u> went to his <u>palace</u>, and passed the night fasting: neither were <u>instruments</u> of musick brought <u>before</u> him: and his <u>sleep</u> went from him.

40. Therefore also now, <u>saith</u> the LORD, turn ye even to me <u>with</u> all your <u>heart</u>, and with <u>fasting</u>, and with <u>weeping</u>, and with mourning.

41. And <u>Cornelius</u> said, Four days ago I was fasting <u>until</u> this hour; and at the <u>ninth</u> hour I prayed in my <u>house</u>, and, behold, a man stood before me in <u>bright</u> clothing.

42. And <u>when</u> they had <u>ordained</u> them <u>elders</u> in every church, and had prayed with fasting, they <u>commended</u> them to the Lord, on whom <u>they</u> believed.

43. And while the day was coming on, <u>Paul</u> besought them all to take <u>meat</u>, saying, This day is the <u>fourteenth</u> day that ye have tarried and <u>continued</u> fasting, having <u>taken</u> nothing.

44. <u>Defraud</u> ye not one the <u>other</u>, except it be with <u>consent</u> for a time, that ye may give yourselves to fasting and prayer; and come <u>together</u> again, that <u>Satan</u> tempt you not for your incontinency.

SCRIPTURE EXPLORATION

45. For our <u>conversation</u> is in heaven; from <u>whence</u> also we look <u>for</u> the <u>Saviour</u>, the Lord Jesus <u>Christ</u>.

46. <u>Whom</u> have I in <u>heaven</u> but <u>thee</u>? and there is none upon <u>earth</u> that I <u>desire</u> beside thee.

47. The heavens <u>declare</u> the glory of God; and the <u>firmament</u> sheweth his handywork.

Day unto day <u>uttereth</u> speech, and night unto <u>night</u> sheweth <u>knowledge</u>.

48. And the <u>Lord</u> shall deliver me from every <u>evil</u> work, and will <u>preserve</u> me unto his heavenly <u>kingdom</u>: to whom be glory for <u>ever</u> and ever. Amen.

49. But Jesus <u>said</u>, Suffer little <u>children</u>, and <u>forbid</u> them not, to come unto me: for of <u>such</u> is the <u>kingdom</u> of heaven.

50. Ah Lord God! <u>behold</u>, thou hast made the heaven and the <u>earth</u> by thy great power and <u>stretched</u> out arm, and <u>there</u> is <u>nothing</u> too hard for thee.

51. For we <u>brought</u> nothing into <u>this</u> world, and it is <u>certain</u> we can carry nothing out. And having food and <u>raiment</u> let us be therewith <u>content</u>.

52. For we know that if our <u>earthly</u> house of this <u>tabernacle</u> were dissolved, we have a <u>building</u> of <u>God</u>, an house not made with <u>hands</u>, eternal in the heavens.

53. And he led them out as far as to <u>Bethany</u>, and he <u>lifted</u> up his hands, and <u>blessed</u> them. And it came to pass, while he blessed them, he was <u>parted</u> from them, and <u>carried</u> up into heaven.

54. For as the heavens are higher than the <u>earth</u>, so are my ways <u>higher</u> than your <u>ways</u>, <u>and</u> my thoughts than your <u>thoughts</u>.

55. Jesus said unto <u>him</u>, If thou wilt be <u>perfect</u>, go and <u>sell</u> that thou hast, and give to the <u>poor</u>, and thou shalt have treasure in heaven: and come and <u>follow</u> me.

56. Know therefore <u>this</u> day, and consider it in thine <u>heart</u>, that the Lord he is God in heaven above, and upon the earth <u>beneath</u>: there is none <u>else</u>.

57. Not <u>every</u> one that saith unto me, Lord, Lord, shall <u>enter</u> into the <u>kingdom</u> of heaven; but he that <u>doeth</u> the will of my <u>Father</u> which is in heaven.

58. The Lord is my <u>light</u> and my salvation; <u>whom</u> shall I <u>fear</u>? the Lord is the strength of my life; of whom <u>shall</u> I be afraid?

59. As ye know how we <u>exhorted</u> and comforted and <u>charged</u> every one of you, as a father doth his children, That ye would walk <u>worthy</u> of God, who hath <u>called</u> you unto his <u>kingdom</u> and glory.

60. He that <u>hath</u> an ear, let him <u>hear</u> what the Spirit saith unto the churches; He that <u>overcometh</u> shall not be hurt of the second <u>death</u>.

61. But the <u>salvation</u> of the <u>righteous</u> is of the Lord: he is their <u>strength</u> in the time of <u>trouble</u>.

62. And Jesus <u>looking</u> upon them saith, With men it is <u>impossible</u>, but <u>not</u> with God: <u>for</u> with God all <u>things</u> are possible.

63. But <u>the</u> Lord is <u>faithful</u>, who shall <u>stablish</u> you, and <u>keep</u> you <u>from</u> evil.

64. But I will <u>sing</u> of thy <u>power</u>; yea, I will sing aloud of thy mercy in the <u>morning</u>: for thou hast been my <u>defence</u> and <u>refuge</u> in the day of my trouble.

65. My <u>flesh</u> and my <u>heart</u> faileth: but <u>God</u> is the strength of my heart, and my <u>portion</u> for ever.

66. In the <u>day</u> when I <u>cried</u> thou <u>answeredst</u> me, <u>and</u> strengthenedst me <u>with</u> strength in my soul.

67. Love <u>worketh</u> no ill <u>to</u> his neighbour: <u>therefore</u> love is the <u>fulfilling</u> of the <u>law</u>.

68. <u>Be</u> kindly <u>affectioned</u> one to another with <u>brotherly</u> love; in <u>honour</u> preferring one <u>another</u>.

69. Paul, an <u>apostle</u> of Jesus Christ <u>by</u> the <u>commandment</u> of God our <u>Saviour</u>, and Lord Jesus <u>Christ</u>, which is our hope.

70. <u>Uphold</u> me according unto thy <u>word</u>, that I <u>may</u> live: and let me <u>not</u> be <u>ashamed</u> of my hope.

71. And we <u>desire</u> that <u>every</u> one of you do shew <u>the</u> same diligence <u>to</u> the full <u>assurance</u> of hope unto the end.

72. Yea, though I walk <u>through</u> the valley of the <u>shadow</u> of <u>death</u>, I will fear no evil: for thou art with me; thy <u>rod</u> and thy staff they <u>comfort</u> me.

73. And the <u>child</u> grew, and was <u>weaned</u>: and <u>Abraham</u> made a great feast the same <u>day</u> that <u>Isaac</u> was weaned.

74. And the <u>woman</u> bare a <u>son</u>, and called his name <u>Samson</u>: and the child <u>grew</u>, and the LORD <u>blessed</u> him.

75. Follow <u>peace</u> with all men, <u>and</u> holiness, <u>without</u> which no man <u>shall</u> see <u>the</u> Lord.

76. There is none <u>holy</u> as the LORD: for <u>there</u> is none <u>beside</u> thee: <u>neither</u> is there any rock <u>like</u> our God.

77. But now <u>being</u> made <u>free</u> from sin, and become servants to <u>God</u>, ye have your <u>fruit</u> unto holiness, and the end <u>everlasting</u> life.

78. Seek <u>good</u>, and not <u>evil</u>, that ye may <u>live</u>: and so the LORD, the God of hosts, <u>shall</u> be with you, as ye <u>have</u> spoken.

79. The <u>fear</u> of the LORD is the <u>beginning</u> of <u>wisdom</u>: <u>and</u> the <u>knowledge</u> of the holy is understanding.

CENTER OF MY JOY MAZES

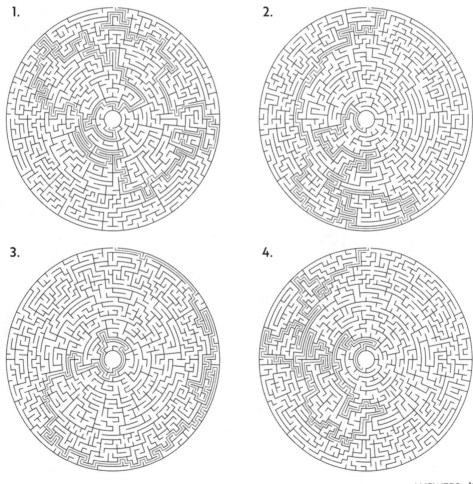

1.

2.

3.

4.

5. **6.**

7. **8.**

9. **10.**

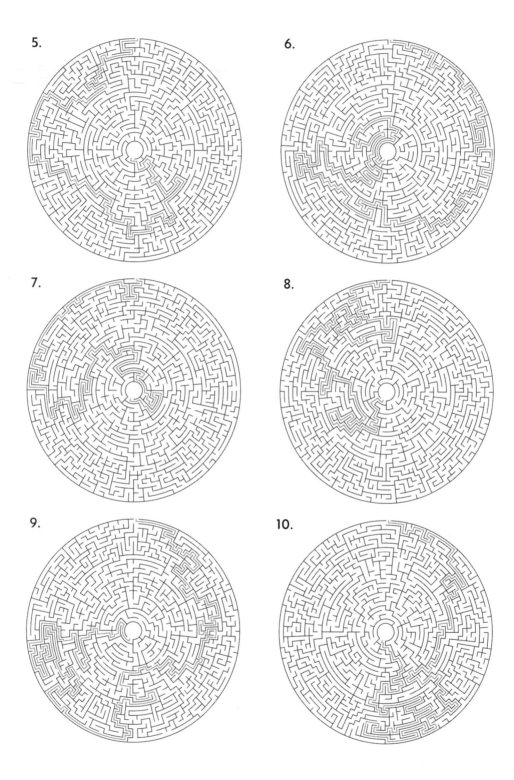

11.

12.

13.

14.

15.

16.

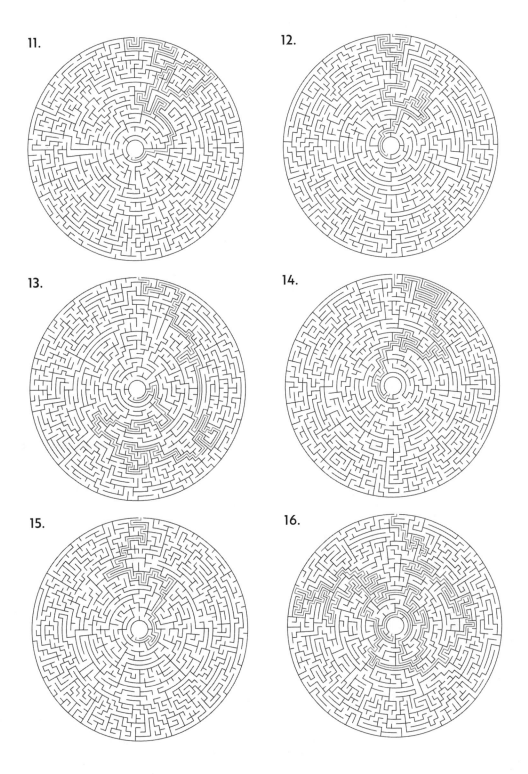

17.

18.

19.

20.

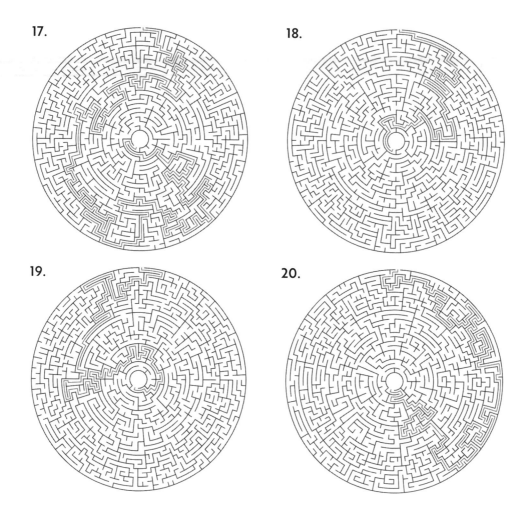

UPPER ROOM MAZES

1.

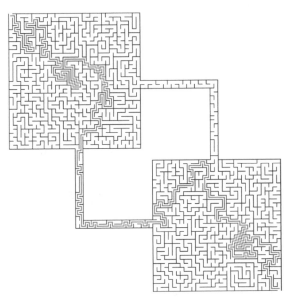

2.

3.

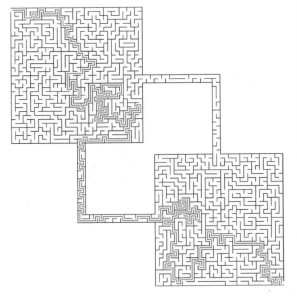

4.

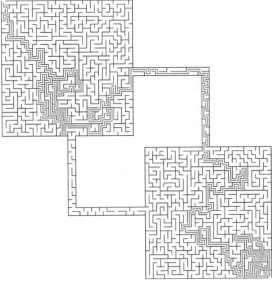

5.

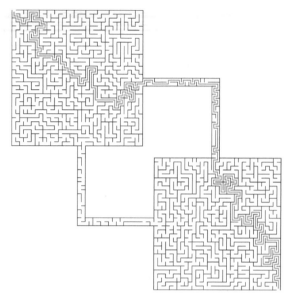

6.

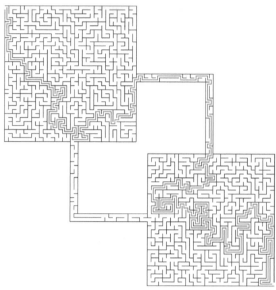

7.

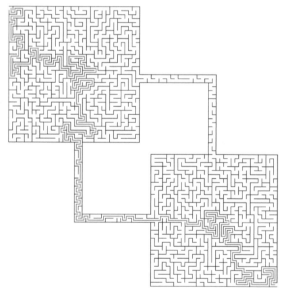

8.

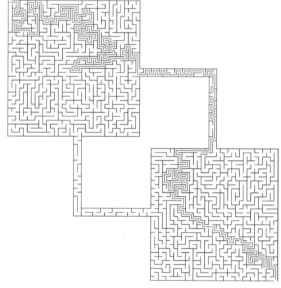

STAR MAZES

1.

2.

3.

4.

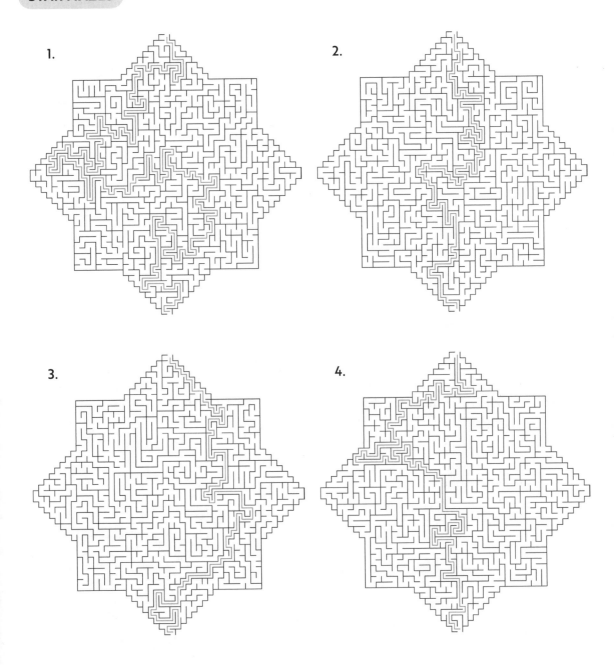

5.

6.

7.

8.

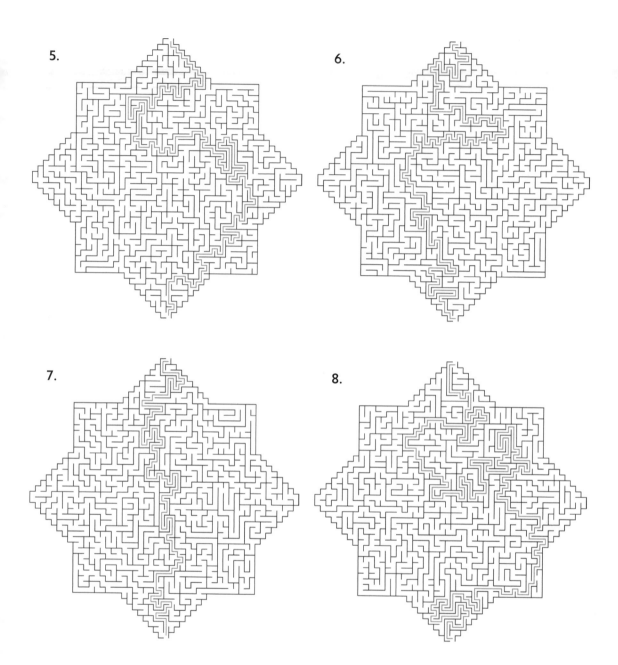

9.

10.

11.

12.

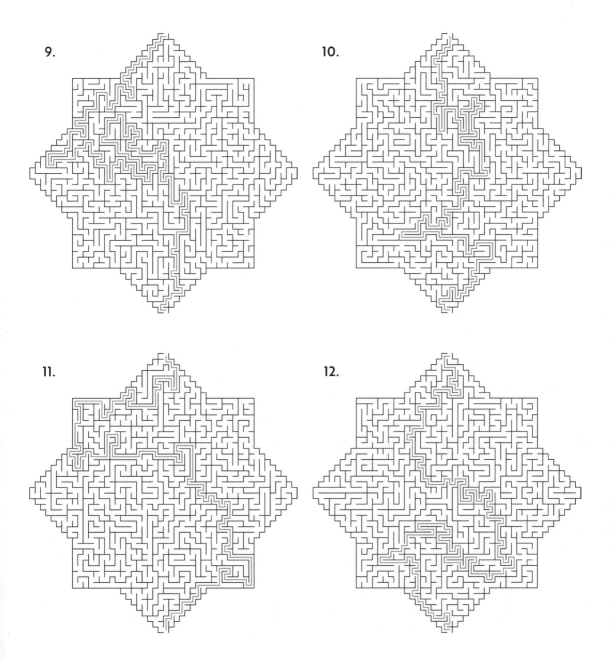

13.

14.

15.

16.

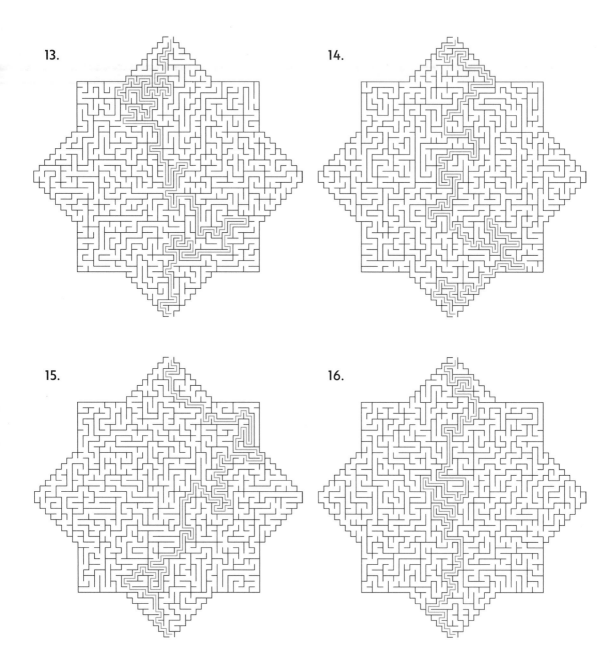

17.

18.

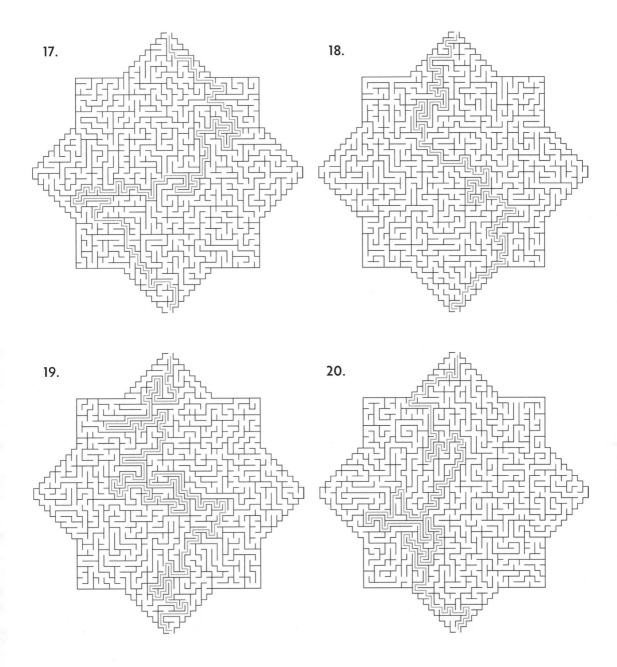

19.

20.

21. **22.**

23. **24.**

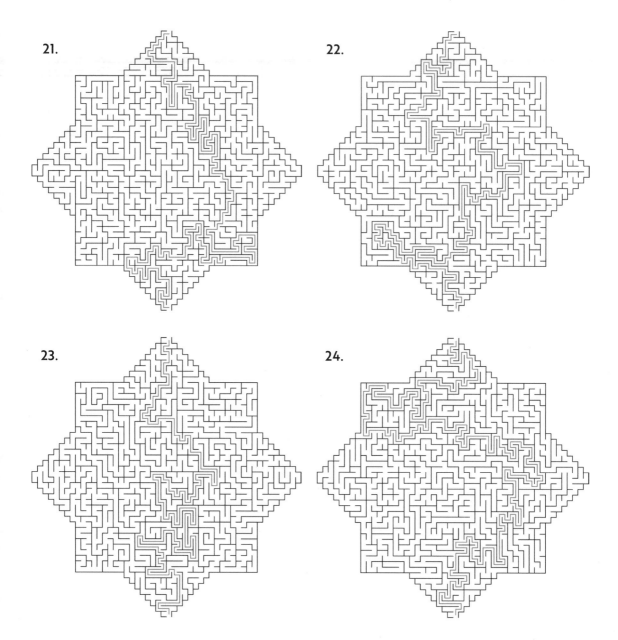

25.

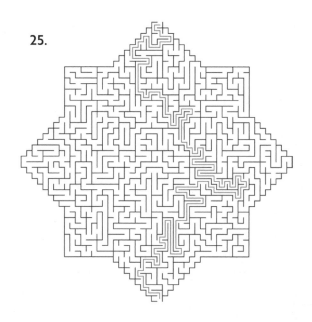

WORD SEARCHES

1. SONS OF JOSEPH

```
O U W I I F Y K F R Y N D Y N
B N V Z E B U L U N I S A R N
R R E U B E N M Z K V E N A H
O G B Y Y A K V D R J U D A H
T K L E V I H I M C O Q U A B
H V I S S A C H A R S C G R T
E G E V E M N S I M E O N P A
R B N L X I W N T Y P Y Y W F
O F F L O C K S A U H G Q B V
R D A N A N D G A D E E I R X
A W O N S B T A C I S R A E L
C Y T Q H D A B E N J A M I N
H I W D E G R N V W S V V K W
E U G A R W Q R W I F F U I R
L W O A I C G N A P H T A L I
```

2. THE DELUGE

```
C N A C M E K U Y F Y E C B U
A A H O Z Q F Y H N J V J B L
W C V J A B O V E G O E R U I
O O L F S R R U A H I N D I Z
C V C N U K B P I M H I A B B
Y E K W M U U A A A Q N T L L
C N J F F G Q K N U J G D G H
U A E W H R L F U I J I O G A
G N D D K F U U X D M R O J K
E T G E A X A I A A R A R M H
N A O S A D R D T L B I L E Y
E B P T J W S O O F T A E S Q
S I H R C L O U D V U A T D Q
I R E O B A L S A M E L R E S
S D R Y F E M A L E D A Y S D
```

3. ADAM AND EVE

```
C X B I H A W T H I S T L E S
D F V L N X D V D M E N V H W
C L I O T E R G E N M I T Y F
R C W D S R O O N J K C B N Y
E K T R E E S O P O I X I W Y
A D U S U Q D D E A T H N V F
T C O D R E X G R O U N D D R
I S U F M E D V I Q M O N T U
O U G A O E P B S R S T O N I
N I H O L F D L H E N E A X T
K S M W S X X I E N R M V X J
A M O A H Z T R V N O P O D O
Q N I B G R B R F W I T E H S
K Z O C M E L C M P D S Y N H
J U D G M E N T J K C U H N T
```

4. HEAVENLY MELODIES

```
S A N C T U A R Y S S F X A M
R E J O I C E F L T Q Q H G X
T E Y Y I S F E E M E L O D Y
A S T I U D R U Z M W G R F W
M P T Z Z B Q D I S E J N Q O
B I Q F M N N K P S A L M S R
O R G I A K U S I C H J Y Y S
U I T B L N L O Q V H M Z B H
R T E I V A N H A R M O N Y I
I U O K B L F R D M I S I P P
N A S M U P F B B R N K R R F
E L Y F N U S L V M Q E Q A S
H C Y M X A X O Y W K Z R I N
D O I D J G Y H N X M K B S I
J T R U M P E T N G P A G E Q
```

5. AT THE CROSS I

```
G A R M E N T S L K B V I G Y
O D G T V N P T A L O N E R S
L A S V B E T R A Y E D A W V
P Q G I Q N X E Z V F V D E F
B M M A E Q N W S T L A E I O
A J S T R P W A Y A D G X W D
R H A F R D H M C X W O O E G
A E J I G P E I R L A Q G Q O
B J J N A H W N U K X G Z T L
B H E I P T Q N C H O K I N G
A P A S M D J O I L C W B C O
S C A H U H O C F O D X J O T
W L V E Z S U E Y C E Y E Q H
B M T D Z H D N A R R E S T A
I S C A R I O T O C J K H T E
```

6. AT THE CROSS II

```
O V R H S N J S O R R O W Y K
M I C P P O K S O T N M Q F T
R C Q G A B J S O S O V L Y L
L T F C K S L H G L N M W O B
X O Q R O O S T E R D V B W E
T R I A L P H O B E D I E N T
M I W T B M I T V Z T N E F P
R O A R I N G E H E E E Y R T
A U F J D C W H R R R G R S S
S S V E S T U R E C W A O E A
H H J Z Z H D Y Z Q E R M R I
A Z I E F O A C L K O D A V C
M G S U R R O U N D E D N A X
E M T X P N S Z F Q J W S N C
R Q Y I X S T M P P H U X T F
```

206 ANSWERS

7. REVELATION OF JESUS CHRIST I

```
P X O C H O R S E M E N Q J D
V Q S Q A K K C W E U F Q L A
D R A G O N I V J L K T K C T
A A U B Y J D N B P V I N B W
L N M Z D S K L G O L Q L E C
M A G E R F E G E D S M T H H
L T G E N T I L E S O L T O U
T I D O L L Y L Q G T M I L R
J L H J E S A L P H A I U D C
E X Q A N N B O B B J K C F H
W F R C R J U D G M E N T K G
Z S X E L A O D I C E A R K S
I X T B L V F Q H X W M Q I M
O E T Q K W D B R E T H R E N
B O O K O F L I F E J D I W L
```

8. REVELATION OF JESUS CHRIST II

```
V L E P Q Q X W U X U D J J W
C T W D U T E S T I M O N Y P
V R W R M P S E A L S X B D H
D I X I I Q S I J W N E H S I
L U S L T T E J S C O R P T L
W M B I N N T G E W Z E A V A
P P A I O S E E A R B B A O D
P H A M Z N R S N A D E N C E
E S I Z A H G E S T A L O P L
R S Y M B O L S X H M L O L P
G M R I G H T H A N D I M A H
A Y O V E R C O M E Q O E G I
M R V M D K Q D M J N N G U A
O N P W P R I N C E N D A E B
S A Q I H J B I Q C R D C S A
```

9. THE PLAGUES OF EGYPT

```
U N L E A V E N E D F Y V J G
Y O Q H S D D V F E I U A U A
L I J P T V O R I L R Q K D N
A N W E X A O H T I S T N G D
M F B S U K R A V V T E I M I
B E C T V Z P H H E B S I E W
S S F I R F O Y O R O U U N S
B T L L I A S S Z A R J C T T
L E T E I V T S O N N G M S A
O D E N J E S O K C C K E N F
O V K C M Z S P W E R K G A F
D P E E L O C U S T S F F K R
R S I K I S S M I R A C L E S
H E B R E W S E P H A R A O H
Q V L I F T Q M S A D J I R I
```

10. GOD'S FAVOR I

```
F C O M P A S S I O N N D A O
E A F D P T M I R Y O H Q T G
N S D C A A G X O L P Z J N Z
C T I I E R X L Y H K H I L Q
H R H R U X I B Y I M T V L R
A O D O N N A U M Q I R S A S
N L X I U B F D S R R Q Z T H
T O E Q C Z U U W J K Z A R A
E G V U H S R D B R A S B V N
R E X A S M N Z R H G K E K A
S R M A N A A W S R O K D Y N
V S I J H G C L C N L L N Q I
C A P T I V E L L A D H E L A
H O R N S B O L A B Z J G C H
G R A C I O U S Y G E L O V F
```

11. GOD'S FAVOR II

```
B S D T A P V C C Z L A H G Q
B W L F U S O G R E K V M D K
U E U G E O F S K T T P H R N
K X A L C R P E S U O C P E M
N W I P S C T M X E A J O V A
M S M R H E U B Y H S C W E L
J B M O A R K C S S T S E A L
U O A V D E N E C O T C R L W
D W G I R R M V I H L E G E N
G J I N A S M R I M S N R D O
M C C C C G T I W S Q M M Y B
E F I E H A V J S S I O N Q L
N T A C P R O M I S E O I Z E
T U N L A N G U A G E G N Q F
U J S L I O N S D E N Q K Y R
```

12. GIFTS FROM GOD I

```
C O R I N T H I A N S P A H B
G E A U T H O R I T Y S D T R
R X T A J J A N G F W E C E Y
Z E E E N E H B B L N T T G H
D H A C R L S X R I Q R W M I
R B X D A N G U R A O B C K B
Y G L B Z E A T S F H J S G E
C W U E M J C L M C I A N B L
B R I S S O O O L O H Q M O I
F M O N D S C H D I U R V K E
A P O S T L E S N G F H I P V
I U M M S W X D P J R E O S E
T H O L Y S P I R I T A U P T
H E A L I N G O V R B J C N E
E V A N G E L I S T Z B T E P
```

13. GIFTS FROM GOD II

```
A R E V E L A T I O N J V T S
B T H I Y P A U L M O S E S H
S H E P H E R D A D W B E V A
P M O I P E A C E Y P N S T R
R A I T S S F V P L S S C E I
M L S N R A K S V U N A X A S
A T P T I N T N O B N D K C E
T D O F O S Y E O P I R W H N
T G J U G R T L O W A G R E T
H T R O O H S E U M L C F R N
E I E T G M A Q R K N E Z S E
W B C I D L E L X S E B D A E
Z I R L O V E R S W M T N G A
V M H J G K A C C A X J F C E
U K K F N N Q G L Y S C L V O
```

14. FROM THE MOUTH OF GOD I

```
D E L I V E R A N C E W H J G
B S R B Q U C N O M A W G Z O
E Z E K I E L E B H N T U I B
I A F G A B F P P J F A A B Q
G C W H A Y L L U T U G X Y N
L R O I O R A E K P Q B L E F
O E M V X L D G M I Z H R R H
R O U M E T Y E E T W D U A H
Y E N A T N L G N N L Q I S O
U Z R R Q A A K H I E A I M L
R S A F S W S N H O S S C Y I
V E F U G V R C T I S B I M N
H F R U I T F U L D Y T H S E
I E X H J T B R C H R I S T S
J C O M E T O P A S S O Q E S
```

15. FROM THE MOUTH OF GOD II

```
T P R E P E N T A N C E I E T
H R O Y R Z M P V S O Y P G A
U O F C A H I C Q E C O U M M
N V G U U F N F D R H D N U I
D E L C R G I A E V S G I V G
E R V Y N X S M U I A H S T H
R B E I B A T V C C I P H E T
E S V L T S R Y A E N J M S Y
D I O O R A Y T W O T C E T V
G X V E G J X W R T S T N I O
K P T E I L D D W U U P T M I
F A M H L X O E O T M C R O C
W O F R U I T V A C N P S N E
J S R D F K T T E B L V E Y M
O J S H C F S Y Q P Q M H T S
```

16. WHAT'S IN A NAME?

```
R R X R X Z A C C H A E U S K
A E C I O Y D E G M Y W S S A
Y N L A S Q K S A P P H I R A
A E L Q I N V U M H V M S H R
F D R U S I L L A Z H N T C U
E B A G K C S G L P I R A K T
R W J B K O O S I L A S L P H
Q G Q Y P D O O E M M W E H C
S T E P H E N H L B E Z X O T
M C J K T M J S A J P V A E A
Z Z W D F U S A K G F I N B B
J J L Q K S A R Q W A U D E I
R M A T T H I A S F E R E Y T
T M R A H A B H E L D B R D H
L A Z A R U S W U O Z U D I A
```

17. HEADED FOR THE PROMISED LAND

```
B X S R I X Q N B L D Y S M S
O L Q O A P M G T V H K W Z J
O O E S Y A A Z K I C S D X O
O M T S W F R S Q O W O J W U
M B N H S M M O R Y O U Q L R
M U J E W E T U N L R X I B N
A R H B G W D S B T D A U F E
N E V Y L A Y P B Q U K Y K Y
N D P L A G U E S Q N Q D N X
A S A F W E A G V D W U E B J
I E M C L Q N Y O V O H O V H
C A J T I U K P Z L S S W L K
T G T U C S Z T C O D L W S R
W A N D E R I N G F I R E P T
C H O S E N Z M O U N T A I N
```

18. WEIGHTS AND MEASURES I

```
Y L S D L B F A R T H I N G R
G W L B B N A C H A H I S G Z
Q O V B L O H L H O M E R V N
G E K A D P W A A D X U A W G
B H G R H A K S S N U F N F P
R A W L G E Y R H Q C J H U G
Y N O E B X T S F O R E X R E
J D E Y U C C L J V T F K L R
T B I C O H H V G O F T J O A
B R T Q T A B U B T U L H N H
W E A V H N M R I D N R O G W
F A Y P K G B B O J Y A N U A
U D E O B E U C G N T U Z E R
L T Z N N C P W Y Y Z E U N Y
L H S P K D S E M E T E C B Y
```

19. WEIGHTS AND MEASURES II

```
W H E A T N I G Q D W L X D L
R C O L H E Q O U T C R Y F P
U L Q L R O O T C W G V A O
Q B S I I N O M I V J D L B S
W S M X Y V Z A E C I S E Q Y
L Y O M E R E R Z T B R N L D
R C P I T C H E R C A Q G Y P
H N S X Z A L E P X X L T B V
U E P U H E L D O U K Y H V O
V P X T K P R E U L S F E H L
R D I E Z S C M N X E D V C U
G W H S T O N E D T A J Q S M
C S U W T Y I L Y R J R G P E
D Q D N W A V E T S I L V E R
O F F E R I N G Y C H H V B L
```

20. A VIRTUOUS WOMAN I

```
D I G N I T Y T J U Z X G S X
U P C F A I T H F U L J Z M C
N X N L C O V Y Z L S C A Y H
O F O P O E Z V Z U I Z M M I
G O J M K T X G O X H N J R L
B E A U T Y H I G O O D E Z D
T E E M S T R E E S R K Q N I
H A F U D T J D D F A Z F B E
H R J G S R I Q Q M H H Q L N
F N W U E L T C E Q P J V E C
A I D F A B V M E U I H U S I
M N V S G M O K I N D N E S S
I G T C E H U S B A N D F E A
L S M E R C H A N T Z L C D K
Y N N M N B H O U S E H O L D
```

21. A VIRTUOUS WOMAN II

```
R I G H T E O U S R H H W K L
D X D T H H O V I N E Y A R D
R P Q K W Q Q T M T M U G I F
P R I N C E S O D H T G W Z B
R S S P Q L D E D O A L W V T
O T R P B S S Y X K P E O I V
V R T T I I Z S W L E U R G I
I E P W A B S H C R S N K O R
D N Z R L S P A K A T O S R T
E G P E E H I S S K R B L O U
S T V I A M N P N H Y L B U O
D H B Q W M D E I M E E E S U
H U L T K R L A Z S V S A T S
R X A V Z U E K W A T C H E S
T V D R S B Y S K Y V Z O M E
```

22. GOD'S PROMISES

```
C O M M A N D E D C I O C O S
Q O Z R E M A I N K D F I F N
D C O J T V P F P I W N Q F L
W J A X E N J F G I V E N S J
X A B N R F C H A A E J U P L
P C H J N A Y S P I R I T R D
R H E W A O S N E B T S C I B
E R P N L L T S I R I H H N U
C I V H L X G L U E C C F G Z
I S M A I F M F I R R O P U B
O T I M F L A I T E E Z K V L
U F L X E H A V G R S D D E A
S C L E A N S E O H U K G F M
S A T I S F I E D R T E A X E
D E S C E N D A N T S Y D K N
```

23. GALATIANS I

```
G I C N D M L B C R S U E H V
E J B T S C K R P O Q M K M Z
N M I F R I O O Y O E K C X W
T S F A U R V T B J A M E S I
L D F I P C H H A F E Z J F K
E W D T D U F E P K V B V O O
N T C H H M R R O O W A U O O
E G G W Y C U Z S R F P C L G
S J Y G X I I F T I A T H I L
S S U O S S T B L K L I R S O
W W F S E I S C E A L Z I H R
N P O P X O G R A C E E S M Y
Y R W E U N X U Z W N D T V G
C A F L E S H F G T V Z N U B
I D O L A T R Y Y D C E C X I
```

24. GALATIANS II

```
W I T C H C R A F T K M E W O
M I S S I O N A R Y F C R Z T
Z Q N P S R A N T I O C H Q H
W D W E D J O U R N E Y A W E
P T W R A V U M Z M X P A L O
L R J S U J Q D A U I P A U L
Y C E U T S V X G N W J K S O
S J L A C R M B F M H A R X G
T Y M D C P I K Q K E E N U Y
R Z B E V H S F Z D Z N K Y B
A L K D M P G M E I E K T C Y
P A T I E N C E A K F R J P D
I C O N I U M D B D N D B U Y
J E S U S E U G M V V S L E C
J E L L E J A S I A M I N O R
```

25. NAMES OF GOD

```
T H E C H R I S T V C G J H Z
V L L B Y B E L O V E D E P Q
H Y I G L D Z F A I P M L K D
I I N V O N N Q A O L F O L T
G V K J I O A D J P Q Y H P H
H L S I Y N D A D O N A I H E
P G O L N A G S S T A H M O R
R B E R H G C W H R K W P L O
I L U S D M O Z A E T E E Y C
E T L A K O X F A T P H E S K
S E B N D W F H K T E H N P A
T B O Q A F D H R I F R E I Y
A C R E A T O R O U N M T R Q
L A M B O F G O D S W G S I D
S O N O F D A V I D T Y S T T
```

26. OLD TESTAMENT MEN

```
R E K Z R O U J X V S Q K M G
R E A Z D C E R X U B N G A S
T P L H M F O F Z R U B S L F
Z I Z I P W N M X K T O N A D
Q I G G U Y H K X J C A L C N
W P S I A D J G W C J Z E H H
A H D H P Z R L S T P H L I O
B Q E J M C Y C A I N D I D S
R J Z I B A Q K W C X W S A E
A J E S S J E R E M I A H N A
H M K A D J J L E A V D A I K
A K I A V F U A G U E A K E T
M I E C O L D G Z T R M A L V
G W L E M W A O L O M O S E S
D A V I D H S K Z F R L B R E
```

27. AFTER O, BEFORE Q

```
I M U L H P A T I E N C E P D
P E T I T I O N E D S B H L T
P H Y V V Y D S L O P O F U J A
L E S P H Z P P P P A A Y W P
C P R Z R O G P M A P S L S E
M E I F E J P E T R E H T C I
R R D P O N L R K A B B A O F
J S J C G R D C D D E E V H R
P U B F W A M E B I P A T H A
E A C L N U T I D S E P K I Q
R D Z V V R J V U E A U A Y K
I E Q G A N Z E J K R C V S F
S R Q P O R M L P A L M L J S
H P B O R Y P R A I S E I J H
P E N T E C O S T O Y H Y X Y
```

28. NEW TESTAMENT MEN

```
Z Q T U W J B U U H Z Z J M A
P A U P E T E R W H U R E N U
I G C N Q X H S B R L I M D G
L Q F H R W T C U G U E A U U
A I S C A R I O T S K T R F S
T L Q R C R P X V O E G K X T
E F X M Z N I C O D E M U S U
F E N N B S E A M V M O U S
Y L B V A H I C S L X C O P M
C I X D S D H A M V S Y B A R
F X U E Z C I E S I L A S U H
G J M K A R M S R P G X K L J
B A L C Z K N A P O L L O S O
J B A I B W U R Q V D H X M H
B Q S C U F Z M J S M G V D N
```

29. MALE AUTHORS

```
M A S U N D A Y G S O O Y S L
S O F R D E U M O R N I I F U
W D R P E V L V X D A W Z F C
A T C R O B R Y T U E H M G A
G Q S W I N D O L L T A S D
G T H R L S O L I R H B R M O
A Q X B D L E S O A R E S U B
R Q E O O W T W I X B N J E N
T I F P O I S M Q M A S W N W
D P M D Q E E V A V O Z I J R
M A C G L R W H E N T H B K I
C M W G E S C L S M I T H A G
U P G J R B I C B E Z S B C H
R I B H U E H W E B S H K U T
W A N D E R S O N I P R S M A
```

30. FIVE-LETTER WORDS I

```
B L I N D A L O E S V L V N H
R Q I N C M I Q G E D K J N F
E T X G M O S E S T X P A L T
L P Q Z H S N K N T N E Q F U
Y L D U N T U S M T L F P B B
R C R R A B B I O W E Z Y J A
M D A V Z K S I A R W E L
Z B V A F R M Y I G E R F S A
A N E H E J Z J E M O X C U K
S J V P Q S R M Z V O Y H S T
K S I H M H O N O R Q N I O W
K V B L Q V B N J N S K L A P
N U Q C Q Y T P R L K E D A R
L I X Z K Y N W K T S L O A I
T G V I Q T R U T H V K K E O
```

31. FIVE-LETTER WORDS II

```
I T L A J E S U S O M Q F D M
A Z Y S W B Y C E I Y I I X H
S O D W U U E F J M G L Z Q Z
L T I W E U A G S M G F D R B
F L A B A N D D A O Z I T E R
F Z T Y P Q I T J T V R X Z E
L L M D G J E K R A X S A I A
V M B X R I L E D A E T M N X
D V L E R B M U E P L E N S J
S A M E H O O R S A R A I N M
G M F G H Y A P A C M P X M P
I F U U X C S D U L G V L J F
O R W F A I T H F L E E T J F
H Z H S X I N D I A V T V O O
P H H X V M U D V F X I H E V
```

32. SIX-LETTER WORDS

```
F O B U R N E D X T O H V H N
A Q F P H W X O S U P U P U I
T C P F D A N I E L W Z X S M
H R O K E T T L E V T Z P H R O D
E X P R V N O I U K E I R A O
R T X E B G D F F A J A A I D
I P S R E A P E R D P H I S H
S M K Z H N N C W B T O S P E
O B P S R E Z K I A U E R K K
V L I U R E F C H V M L I I
N L D D T A Z U K U G E Z N U
E G A B M E L O D Y U M Z G J
H P X I L L P P A S O U R S J
N U M K X B E U L R W E P S U
Y X V I A Z I L L A H L M N Q
```

33. ABRAHAM'S PROGENY

```
G W E V F D I F V L R C A A Z
V M O E P H R A I M N Y A S I
T K H I K W S I H O M P C S F
B X K W H C R H A Q A E N H L
Z T A E U E T I N W R R N U D
C M H K T O I A O T W E U R S
H I F O J U H F C B H Z B I G
D O S A G S R Z H A X M I M S
W N B H K P X A C A R M I T H
D E M O N Z Z S H E L A H R A
N N J A K Z I X S E K A O A M
K G D L I W A M E S H U A H M
L E U M M I M T R S X K H X A
M W F G K Y W D I A A G Z C H
F I C I S H M A E L N U S O R
```

34. CHRISTIAN VIRTUES

```
D I L I G E N C E L Q E R F C
V K Q R I K K O Z T G X Y D M
H C V I B O V Y H A U Z R O B
T O I G G X U T R U D L D P I
Y N N H V O L U V F M S I L K
G T T T D A O E X N I H D M E
O E E E F C E Z O W S O C Z J
D N G O R P V I E D P E A C E
L T R U S T T E R A H M Y Q T
I M I S P U K A T A L L Q L T
N E T A L F W F R U I T F U L
E N Y O G E P Z S X T H O L Y
S T S S T D U S B Z M D V O D
S E V S S A J U S T I C E V D
R P E R S E V E R A N C E E E
```

35. INSPIRED BY GOD

36. IN CHAINS

37. CITIES OF JUDAH

38. NAOMI AND RUTH

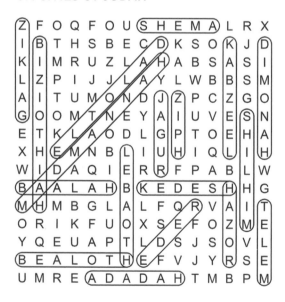

39. LEVITE CITIES

```
Z N A H A A Q L H M O N Z K G
G R V A K L K A E K O N T E O
C M B X K W E Y N L O Z L D L
E E K V A W D M O A T L W E A
G T O Y R B C H E R T E Z S N
J A M H T R V N A T I H K H K
O N I I A H F R X X H M O E H
K A M Y N A H A L A L L M T H
N C A O G H H E R C A R O O H
E H S Y D T H E S H B O N R N
A B V N U O Q V S F N O G N N
M C J M R O E A Y L N N E A I
I A R Q K J M W M M S S Z P O
J A H Z A H O F Y P I L E G G
J A W L H B E E S H T E R A H
```

40. SINNERS AND VICTIMS

```
T J E Z E B E L H U B H W K B
R A B S I K Y V M A V F S M C
S E M G L K F A R M H S M U M
A B S A L O M W H A E H A R M
W Y K D R A T N R R H A O E A
S J B E R T B J T O X A F B R
C U O V E S L S T R N J B A M
V W C T U T I O E T A G A T B
B L M U B D K L R Q Q G L H X
U R F S E M B U D U E V A S E
G T Q S N U H K P S B D A H G
O H E R O D I A S J U Q M E R
M P E R G A M O S N N S H B I
E A T U C C C O Z B I L G A E
R T G E S H E C H E M L K X F
```

41. PAUL'S JOURNEYS

```
S W A F B V J D K B D N U P V
W M N D V S U Z A Q G E K A W
C W Y R U R H O D E S A Z N W
T A M R K J S Q S Y A P Z L X
M M P R N U A S A C N O K F G
A Y F C S A O W C K T L Y T S
C W X R Z L N K J H I I A X G
E R A C O A I Z I L O S S U S
D T B C I W S P P Y C O I Y A
O C J P F N P W A S H D A K L
N P P A S I C A T T P E R G A
I A G A L A T I A R G N H B M
A H Q I F R D J R A O H H M I
X F H W K F P S A K C A J Y S
F P T O L E M A I S C I S H B
```

42. GOD IS . . .

```
W C E D A R M Z K G I L F E L
O T L K C Q E P I T N Y G X R
N N K D O U S F M I W N Q C F
D O G R A C I O U S V Y H E A
E D I V I N E U L G U M G L I
R X D B Y J G U D K E N W L T
F W Q D I K F I E U I B T E H
U Z P C E I D O O Z L E R N F
L E A N C N I Y A G I K U T U
O P R R E G D M Y M G N E H L
G G E L D D A O K H H T G L S
R M P I I B J A Q Z T O G J L
E S M A R V E L O U S V L K O
A E N D U R I N G N O M G Y V
T P X Z Y I N C R E D I B L E
```

43. PEOPLE, PLACES, AND THINGS

```
O C L H D Y C F B E D C W C J
T L A W P T G N L J C T E F T
H O F G E U W S E R P E N T O
N A K M I X R Q Z P Q N O Q Z
I K Q A J L I Y D R Q T C B Y
E P D C D H E R E S A J H R O
L W I H Y V C A B G W R T E G
L J B P V E M Z D D Q N L B R
G Y M E R C Y S E A T U A E A
E F W L Z X W H D U P X L K I
I G K A I F C P C N B H T A N
R T Y H L E A H E A T U A H Q
L C S P M S R V W U F O R X R
W A I A T L A V R Z K P V T J
N O L A E R J A M E S K C E C
```

44. BIBLICAL CHARACTERS

```
I H A B A K K U K D H C R H L
F S C V S X E K E B H O S E A
O B A D I A H L Y L S I I Y O
I N F I H L N G N M M K L Q U
S K V Q A S M H E E E B W I P
R S P L B H A F H Z D U A C M
Q J A I R O G S E U P E A I A
Z V M S N J D B M Z X V V V L
N A H U M J A U I F J K V U A
J J A D H I C P A R J P G O C
J A G A T D P I H E T H A N H
Z E C H A R I A H E J M W W I
S O L O M O N V S Z T J S M G
L C C A B D O N B T G H Q F M
H X S N V E C U I J O S H U A
```

45. JESUS IS . . . I

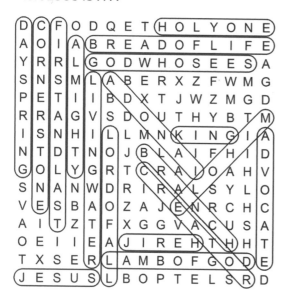

```
D C F O D Q E T H O L Y O N E
A O I A B R E A D O F L I F E
Y R R L G O D W H O S E E S A
S N S M L A B E R X Z F W M G
P E T I I B D X T J W Z M G D
R R A G V S D O U T H Y B T M
I S N H I L L M N K I N G I A
N T D T N O J B L A I F H I D
G O L Y G R T C R A J O A H V
S N A N W D R I R A S Y L O C
V E S B A O Z A J E N R C H C
A I T Z T F X G G V A C U S A
O E I I E A J I R E H T H H T
T X S E R L A M B O F G O D E
J E S U S L B O P T E L S R D
```

46. JESUS IS . . . II

```
S O N O F G O D G Z B H T Z W
I M A Q Z T Y D U Q Z J H Q O
C R N T R H V B W K H A P R N
F A L H H E B X K X I F O T D
O P M J D J T X S S O T B D E
T H W A L U A R S H A L O M R
H A G A S S R E U I A W U R F
E U H T H T M V D E E M S D U
L P K J E O E E H N L B M E L
I S Z C L N M R E G H I G A J
F A F H T E C R Y B L U G L H
E V Y K E Z A R C S F H X H R
C I C D R Z R E D E E M E R T
G O O K A E V B R Y D I S R U
R R R N X U J Q K P R I N C E
```

47. JOBS AND TITLES

```
I N N K E E P E R B S E Y P T
B U T L E R A C J R G R H E B
K H C K E L D U E D D J H D Q
F Y O G U U A I U N N P U T W
I Y M R X X D J A A O L V E O
S C M H N L I B D R E U R G N
H K A G O X S D P R S E S A R
E J N S E U R S E J T C C E Y
R A D H H H G G J T M I T Q V
M I E P O N N C O Y L S S B A
A L R K I E O P V B J I A U
N E H K S A P O U N G Y P K U
I R G S X X Z P I H I T Q E H
S T E W A R D M H U N T E R E
Y M A R M O R B E A R E R B N
```

48. THE LORD IS MY . . .

```
S O K T G D F B I R Q A R Y F
F H T Q R O S B E A Y O R R A
O F I A R K M L I A I O R X T
R D W E R I K X V V T V O W H
T E Z R L C S D A C H U C R E
R B T D U D H S I B B V K C R
E K C B P B S V L M A S T E R
S T R O N G T O W E R C T N A
S T R E N G T H H S J U D G E
S H E P H E R D Q B Y T U C G
Y Q V M V L S U S T A I N E R
P R O P I T I A T I O N H L D
T R W H U U V G X D U P X L Z
X J N O S Z T L H E A L E R S
E R M C E V E R Y T H I N G H
```

49. CALLED BY GOD

```
P Z T I M J A C O B J L Z G I
H G S S T S M W B N W O A U G
A B C A X R F U M H P T M H D
R A K I J E R E M I A H O E I
I R B A P H I L I P U K S R S
S T K H I C Z P E L L U E O C
E I V Y Z G F N E H V M S D I
E M R Z O P O U A T K F S I P
S A Q Q I R M I A U E B I A L
M E L I J A H H S C T R U N E
G U V G S Z T N N K S S L S S
X S T M Z R A H K W N P B S K
V R V I A M V G F J O S H U A
C K K M N M Q A B R A H A M M
L B W E F V E Y S A H O A U Y
```

50. WHO AND WHAT

```
B C H I L D R E N X T A D W K
V R N Y H W C G S M X L G E Z
Y S A J U E A A T F O J B A E
V E Y C D A K T T G I D V R T
B R T O E B J V E T F C V R V
O P H J E L E O K R L W A I P
A E G C P P E A A X S E A N K
V N J T S F S T S N H J K G I
A T G I J P M Q S T R R O S N
P S Z I O Q R Y J A S S A T G
O Q Q N S M U I T J P F L U S
R W X J H R B L N W S M K D I
W X F C L C A A G C Y O N F C
N W S Z Z A J E L Q E A H L Y
M A I D E N S L L M H S P B H
```

MEGA CRAFTED WORD SEARCHES

1. BIBLE PICK 'EMS

2. PAUL'S HARD JOURNEY

3. GO TO CHURCH

4. BIBLE SEARCH

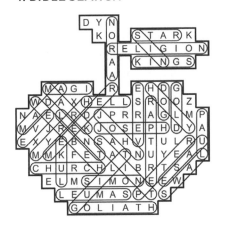

5. LOVE VS. HATE

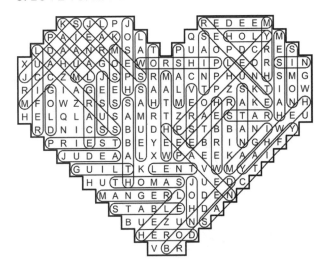

6. BIBLE HUNT

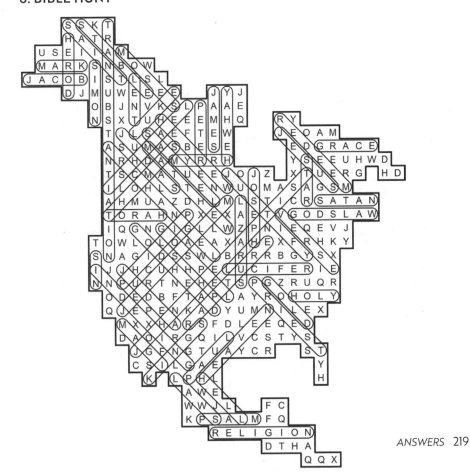

1. A (Neh. 1:11)
2. B (Esther 6:6–9)
3. D (Ezra 7:9)
4. C (Rev. 2–3)
5. B (John 2:1–11)
6. A (Gen. 1:27–31)
7. B (Gen. 5:24)
8. D (Gen. 8:13)
9. B (Gen. 27:5–10)
10. D (Gen. 32:28)
11. B (Exod. 8:1–15)
12. C (Judg. 16:15–18)
13. D (Judg. 4:4–5)
14. D (Gen. 29:20–28)
15. C (Gen. 3:20)
16. A (Gen. 5:8)
17. D (Exod. 2:3)
18. B (Amos 7:10)
19. B (1 Sam. 21:12–13)
20. D (1 Chron. 6:33)
21. C (Matt. 17:1–2; Mark 9:2; Luke 9:28–29)
22. A (Matt. 26:15)
23. C (2 Sam. 5:4)
24. D (2 Kings 2:11–12)
25. A (Deut. 34:5–6)
26. B (2 Kings 19:35)
27. A (Judg. 15:15)
28. D (John 2:11)
29. C (Luke 1:5–25)
30. A (Luke 1:5–25)
31. B (1 Sam. 17:55–58)
32. A (Gen. 21:5)
33. C (2 Sam. 13:1)

34. A (2 Sam. 3:2–3)
35. D (Exod. 28)
36. C (Ruth 1:3–4)
37. B (Job 1:8 NIV)
38. C (Gen. 23:1)
39. B (1 Kings 2:10)
40. A (Acts 9:9)
41. A (Luke 8:2)
42. B
43. B
44. C
45. A (Dan. 6)
46. D (Gen. 37:3)
47. B (Luke 19:1–6)
48. D (Col. 4:14)
49. C (1 Kings 18:44–46)
50. B (1 Kings 19:4)
51. D (John 1:38 NIV)
52. A (Gen. 4:16)
53. B (Matt. 6:28–29)
54. C (Gen. 28:10–12)
55. D (Luke 1:41–42)
56. A (Luke 2:41–46)
57. C (Mark 6:3)
58. B (Dan. 1:7)
59. A (Gen. 41:1–4)
60. B (Judg. 16:13)
61. D (Matt. 3:11)
62. C (Matt. 5:4)
63. A (Matt. 5:3)
64. B (Matt. 27:5)
65. D (John 19:26–27)
66. B (Gen. 49:28–30)
67. C (Prov. 6:6)

68. B (Exod. 10:22)
69. B (Gen. 37:19)
70. C (1 Sam. 16:7)
71. B (Jonah 1:17)
72. C (1 Kings 18:19)
73. A (Acts 16:14)
74. D (Prov. 10:22)
75. C (Matt. 5–7)
76. D (Matt. 4:2)
77. A (Rev. 22:18–19)
78. B (Gen. 41:43–45)
79. D (Exod. 2:21)
80. D (Gen. 40:23–41:1)
81. A (1 Sam. 1:9–17)
82. B (Luke 22:7–8)
83. D
84. C (Acts 28:1 NIV)
85. B (Luke 10:30–31)
86. A
87. B (Gen. 4:25)
88. A (1 Kings 17:4–6)
89. C (1 Sam. 13:1 NIV)
90. A
91. D (Judg. 3:9–10)
92. C (Rev. 1:1)
93. C (Rev. 2:1)
94. A (Acts 13:1–5)
95. C (Acts 9:1–20)
96. D (Mark 10:46–52)
97. A (Matt. 2:1–12)
98. A (Acts 9:10–13)
99. B
100. C (Ps. 23:4)

1. "And Rebekah lifted up her eyes, and when she saw Isaac, she lighted off the camel." Genesis 24:64

2. "Then Isaac sowed in that land, and received in the same year an hundredfold: and the LORD blessed him." Genesis 26:12

3. "And Moses was content to dwell with the man: and he gave Moses Zipporah his daughter." Exodus 2:21

4. "Only thou shalt not number the tribe of Levi, neither take the sum of them among the children of Israel." Numbers 1:49

5. "But as for you, turn you, and take your journey into the wilderness by the way of the Red sea." Deuteronomy 1:40

6. "And Joshua said unto the people, Sanctify yourselves: for to morrow the LORD will do wonders among you." Joshua 3:5

7. "Then said Boaz unto his servant that was set over the reapers, Whose damsel is this?" Ruth 2:5

8. "For this child I prayed; and the LORD hath given me my petition which I asked of him." 1 Samuel 1:27

9. "But Samuel ministered before the LORD, being a child, girded with a linen ephod." 1 Samuel 2:18

10. "And David lamented with this lamentation over Saul and over Jonathan his son." 2 Samuel 1:17

11. "And the LORD said, Judah shall go up: behold, I have delivered the land into his hand." Judges 1:2

12. "And Deborah, a prophetess, the wife of Lapidoth, she judged Israel at that time." Judges 4:4

13. "The mountains melted from before the LORD, even that Sinai from before the LORD God of Israel." Judges 5:5

14. "And Jonathan answered and said to Adonijah, Verily our lord king David hath made Solomon king." 1 Kings 1:43

15. "And Solomon had forty thousand stalls of horses for his chariots, and twelve thousand horsemen." 1 Kings 4:26

16. "And king Jehoram went out of Samaria the same time, and numbered all Israel." 2 Kings 3:6

17. "But the salvation of the righteous is of the LORD: he is their strength in the time of trouble." Psalm 37:39

18. "For God hath not given us the spirit of fear; but of power, and of love, and of a sound mind." 2 Timothy 1:7

19. "Delight thyself also in the LORD; and he shall give thee the desires of thine heart." Psalm 37:4

20. "Cast thy burden upon the LORD, and he shall sustain thee: he shall never suffer the righteous to be moved." Psalm 55:22

21. "Fear not, little flock; for it is your Father's good pleasure to give you the kingdom." Luke 12:32

22. "And let the peace of God rule in your hearts, to the which also ye are called in one body; and be ye thankful." Colossians 3:15

23. "Finally, my brethren, be strong in the Lord, and in the power of his might." Ephesians 6:10

24. "The young lions do lack, and suffer hunger: but they that seek the LORD shall not want any good thing." Psalm 34:10

25. "Come unto me, all ye that labour and are heavy laden, and I will give you rest." Matthew 11:28

26. "For the LORD your God is he that goeth with you, to fight for you against your enemies, to save you." Deuteronomy 20:4

27. "I sought the Lord, and he heard me, and delivered me from all my fears." Psalm 34:4

28. "What shall we then say to these things? If God be for us, who can be against us?" Romans 8:31

29. "Every word of God is pure: he is a shield unto them that put their trust in him." Proverbs 30:5

30. "It is God that girdeth me with strength, and maketh my way perfect." Psalm 18:32

31. "Be of good courage, and he shall strengthen your heart, all ye that hope in the Lord." Psalm 31:24

32. "He giveth power to the faint; and to them that have no might he increaseth strength." Isaiah 40:29

33. "Ye are of God, little children, and have overcome them: because greater is he that is in you, than he that is in the world." 1 John 4:4

34. "The wicked flee when no man pursueth: but the righteous are bold as a lion." Proverbs 28:1

35. "Which by his strength setteth fast the mountains; being girded with power." Psalm 65:6

36. "Let every one of us please his neighbour for his good to edification." Romans 15:2

37. "For to be carnally minded is death; but to be spiritually minded is life and peace." Romans 8:6

38. "I have set the Lord always before me: because he is at my right hand, I shall not be moved." Psalm 16:8

39. "Thou wilt keep him in perfect peace, whose mind is stayed on thee: because he trusteth in thee." Isaiah 26:3

40. "For if there be first a willing mind, it is accepted according to that a man hath, and not according to that he hath not." 2 Corinthians 8:12

41. "For as the sufferings of Christ abound in us, so our consolation also aboundeth by Christ." 2 Corinthians 1:5

42. "But the Lord is faithful, who shall stablish you, and keep you from evil." 2 Thessalonians 3:3

43. "Now faith is the substance of things hoped for, the evidence of things not seen." Hebrews 11:1

44. "Strengthened with all might, according to his glorious power, unto all patience and longsuffering with joyfulness." Colossians 1:11

45. "But the fruit of the Spirit is love, joy, peace, longsuffering, gentleness, goodness, faith." Galatians 5:22

46. "Hitherto have ye asked nothing in my name: ask, and ye shall receive, that your joy may be full." John 16:24

47. "A merry heart doeth good like a medicine: but a broken spirit drieth the bones." Proverbs 17:22

48. "This is the day which the Lord hath made; we will rejoice and be glad in it." Psalm 118:24

49. "Thou wilt shew me the path of life: in thy presence is fulness of joy; at thy right hand there are pleasures for evermore." Psalm 16:11

50. "These things have I spoken unto you, that my joy might remain in you, and that your joy might be full." John 15:11

51. "Let us hold fast the profession of our faith without wavering; (for he is faithful that promised)." Hebrews 10:23

52. "And above all these things put on charity, which is the bond of perfectness." Colossians 3:14

53. "And above all things have fervent charity among yourselves: for charity shall cover the multitude of sins." 1 Peter 4:8

54. "But thanks be to God, which giveth us the victory through our Lord Jesus Christ." 1 Corinthians 15:57

55. "And now abideth faith, hope, charity, these three; but the greatest of these is charity." 1 Corinthians 13:13

56. "But God commendeth his love toward us, in that, while we were yet sinners, Christ died for us." Romans 5:8

57. "With all lowliness and meekness, with longsuffering, forbearing one another in love." Ephesians 4:2

58. "Let love be without dissimulation. Abhor that which is evil; cleave to that which is good." Romans 12:9

59. "Call unto me, and I will answer thee, and show thee great and mighty things, which thou knowest not." Jeremiah 33:3

60. "And the world passeth away, and the lust thereof: but he that doeth the will of God abideth for ever." 1 John 2:17

61. "The name of the LORD is a strong tower: the righteous runneth into it, and is safe." Proverbs 18:10

62. "But my God shall supply all your need according to his riches in glory by Christ Jesus." Philippians 4:19

63. "For ye may all prophesy one by one, that all may learn, and all may be comforted." 1 Corinthians 14:31

64. "And, ye fathers, provoke not your children to wrath: but bring them up in the nurture and admonition of the Lord." Ephesians 6:4

65. "The LORD is good, a strong hold in the day of trouble; and he knoweth them that trust in him." Nahum 1:7

TIMOTHY E. PARKER is an ordained minister and Guinness World Records Puzzle Master. He has entertained millions of puzzle solvers as the editor of three worldwide puzzle syndicates. He is the author of over sixty books, including *The Big Bible Book of Games*. Parker has been profiled in dozens of newspapers and magazines, including *People*, *USA Today*, and the *New York Post*. CNN calls Parker's puzzles "smart games for smart people," and he has created custom games for top companies, including Microsoft, Disney, Coca-Cola, Nike, Warner Bros., and Comcast.

Connect with Timothy

TimothyParkerCrosswords.com